LES BANQUEROUTES

DU

DIRECTOIRE

PAR

LUDOVIC SCIOUT

Extrait de la *Revue des questions historiques.* — Avril 1893

PARIS

BUREAUX DE LA REVUE

5, RUE SAINT-SIMON, 5

1893

LES BANQUEROUTES

DU

DIRECTOIRE

PAR

LUDOVIC SCIOUT

Extrait de la *Revue des questions historiques*. — Avril 1893

PARIS

BUREAUX DE LA REVUE

5, RUE SAINT-SIMON, 5

1893

LES
BANQUEROUTES DU DIRECTOIRE

I.

La fameuse banqueroute du 9 vendémiaire an VI (30 septembre 1797), qui réduisit la dette publique *au tiers consolidé*, avait été précédée de deux autres plus importantes, accomplies par le même gouvernement dans l'espace de dix-huit mois, et la Convention avait déjà fait, le 31 juillet 1793, une banqueroute partielle [1].

Il faut reconnaitre que le Directoire, en prenant possession du pouvoir, eut à lutter contre les conséquences désastreuses des fautes accumulées par les trois assemblées qui l'avaient précédé [2]. Mais ses membres et la plupart de ses partisans s'étaient associés aux mesures détestables qui avaient ruiné le pays, et ne pouvaient se défaire de leurs habitudes révolutionnaires. S'ils avaient trouvé des finances en bon état, ils les auraient bien vite bouleversées. Aussi le Directoire, au lieu de travailler utilement à améliorer cette situation, ne sut que l'aggraver encore ; et les deux dernières banqueroutes lui sont tout à fait imputables.

Nous n'essaierons pas de rendre compte des procédés financiers du Directoire : le sujet serait trop vaste. L'exposé de toutes

---

[1] Ce fut la démonétisation des assignats à face royale au-dessus de cent livres fabriqués avant la république. Ils devaient être reçus en paiement par l'État jusqu'au 1er janvier 1794. Mais le 18 décembre, douze jours avant le dernier délai, Cambon avouait que sur 558 millions en assignats démonétisés, 204 n'avaient pu encore être écoulés. La perte éprouvée par les détenteurs fut donc très considérable.

[2] En mai 1789 le déficit, d'après Necker, était en tout de 162 millions. Déjà en mars 1790, le comité de la Constituante prévoit un déficit de 350 millions : en avril, ce déficit est certain, et il y a en plus 300 millions de dépenses extraordinaires, et la situation ira toujours en s'aggravant.

les conséquences désastreuses du papier-monnaie de la Révolution nous entrainerait aussi beaucoup trop loin. Nous nous occuperons seulement des trois banqueroutes du Directoire.

Le mauvais état des finances avait été le grand prétexte jeté en avant par les révolutionnaires pour bouleverser toutes les institutions; mais, malgré tant de mesures hardies et violentes, tant de confiscations diverses, ils avaient rapidement conduit la France à un effroyable désastre financier. La confiscation des biens du clergé détermina l'Assemblée constituante à créer un papier-monnaie, et dès lors sa politique financière consista uniquement à émettre toujours des assignats [1]. La Convention avait trouvé deux milliards sept cents millions d'assignats en circulation, elle en créa sept milliards 278 millions : elle les imposa comme seule monnaie [2], et décréta pour les maintenir les pénalités les plus draconiennes [3]. Mais la Terreur fut absolument impuissante à les relever, et malgré la menace de la guillotine, il s'était établi partout deux prix de chaque chose, l'un en argent, l'autre en assignats; le gouvernement lui-même était contraint par la nécessité à violer les terribles lois qu'il avait édictées.

Après la chute de Robespierre, la Convention, obligée de donner quelques satisfactions à l'opinion publique si longtemps

[1] Le 28 août 1790, on demandait d'élever leur circulation de quatre cents millions à douze cents. Lebrun, membre du comité des finances, combattit énergiquement cette proposition : « Vous jetez, dit-il, un million de papier à vos créanciers, ils n'ont ni pain ni argent. Il faudrait donc que votre papier devint du pain et de l'argent. *Tout dans le gouvernement se changera en papier.* » Maury dit aussi avec beaucoup d'esprit et de raison : « On me dit : vous ne voulez pas d'assignats, que mettrez-vous à la place? *Que voulez-vous que je mette à la place de cette bête féroce qui va nous dévorer ?* » En 1795, les prédictions de Lebrun et de Maury furent complètement réalisées ! Mirabeau soutint, au contraire, que les assignats opéreraient des merveilles et en demanda deux milliards. La Constituante créa en tout pour dix-huit cents millions d'assignats, sans avoir cherché de meilleurs moyens de relever les finances, et sans avoir, comme la Convention, l'excuse de la guerre. Ce funeste exemple fut constamment suivi.

[2] D'abord les émissions d'assignats furent décrétées par la Convention en séance. Mais cette publicité était dangereuse, car elle révélait la pénurie des finances. Bientôt les Comités de salut public et des finances décrétèrent les émissions dans leurs séances secrètes.

[3] Elle en vint à décréter, le 21 floréal an II (10 mai 1794), la peine de mort sans recours en cassation contre les personnes coupables « d'avoir demandé, avant de conclure ou même d'entamer un marché, en quelle monnaie le paiement serait effectué, » s'il est déclaré qu'elles aient agi ainsi pour favoriser les ennemis soit intérieurs soit extérieurs de la république : et l'on était prodigue de cette déclaration ! Autrement six années de fers.

comprimée par la Terreur, se trouva dans le plus grand embarras. Les difficultés financières paraissaient insurmontables. L'État, complètement ruiné, ne pouvait songer à augmenter les impôts, car il aurait excité un mécontentement très dangereux, sans recueillir un sou de plus. Depuis plusieurs années, on ne payait plus guère les impôts ; les contribuables qui consentaient à s'exécuter les soldaient naturellement en papier-monnaie. Les assignats, en thermidor, étaient à peu près à 34 pour cent ; en nivôse an III, ils étaient à 18, pour tomber rapidement, en messidor, à moins de 3. L'État recevait donc fort peu de chose : il est vrai qu'il payait avec ce papier avili et ses employés et ses rentiers ; mais ses fournisseurs, ses ouvriers, tous ceux avec qui il passait un marché quelconque, n'acceptaient l'assignat qu'à sa valeur réelle. L'État se trouvait donc obligé d'en faire des émissions nouvelles, de plus en plus fortes et de plus en plus rapprochées, qui produisaient une dépréciation fabuleuse et jetaient employés et rentiers dans la misère la plus lamentable. La Convention s'obstina toujours à fermer les yeux à la lumière et à ne pas reconnaître les véritables causes de cette prodigieuse dépréciation. Elle l'attribuait officiellement aux manœuvres des agioteurs, des prêtres réfractaires, de l'Angleterre, des émigrés, etc., etc., aux causes les plus absurdes, plutôt que de convenir qu'elle était due à l'excès des émissions qui était la conséquence forcée de la politique révolutionnaire. Bien que ses membres fussent presque tous d'une remarquable incapacité en matière de finances, on ne peut les supposer assez stupides pour n'avoir pas aperçu une chose aussi évidente, mais ils se sentaient engagés par les innombrables fanfaronnades qui depuis le début de la Révolution avaient été faites au sujet des assignats, et tout leur savoir financier, comme celui des assemblées qui avaient précédé la Convention, consistait à confisquer, et à émettre constamment des assignats pour vivre au jour le jour, et « au bout du fossé, la culbute. »

Et la culbute eut lieu beaucoup plus vite qu'ils ne le pensaient.

En 1789, l'assignat perd très peu : à la fin de l'année, le louis de 24 livres en vaut 25 en papier ; à la fin de 1790, il ne vaut encore que 26 livres, mais en juillet 1791, il en vaut 29, et en décembre, 35. En mars 1792, il atteint 44 livres, puis redescend à 38 à la fin de l'année, et en janvier 1793 il est remonté à 43.

En septembre il atteint 83. Alors les mesures terroristes le font redescendre jusqu'à 46 en nivôse an II (décembre), mais malgré leur impitoyable rigueur, l'assignat baisse de nouveau : en prairial, c'est-à-dire au plus fort de la Terreur, le louis vaut 71 livres ! Après thermidor, l'assignat descend avec une rapidité effrayante ; en vendémiaire an III, le louis vaut 83 livres, en brumaire 94, en germinal 204, en prairial 415, en messidor 893, le 1er vendémiaire an IV 1,200, et il atteindra 12,000 en prairial an IV, et 17,000 quelques jours avant sa suppression !

Après l'abolition du *maximum*, il devint évident que tout objet valant un louis d'or devait être payé de la quantité d'assignats nécessaire pour acheter un louis, et comme tous les jours l'assignat baissait, tous les jours aussi les prix des choses les plus nécessaires devenaient plus élevés. Cependant la journée de travail n'avait pas suivi la même progression que le prix des marchandises et des objets de consommation ; elle n'était guère que du double ou du triple, car on ne faisait travailler qu'en cas de nécessité absolue ; de là une misère effroyable.

Lorsque la Convention essaya de voir un peu clair dans les finances de l'État, elle se heurta immédiatement à d'innombrables difficultés. On ne pouvait dresser un budget véritable : en fait de recettes et de dépenses, on ne lui présentait que des chiffres arbitraires, d'après des évaluations tout à fait fantaisistes, et sur une masse immense d'assignats, grossie sans cesse par de nouvelles émissions, mais dont la valeur réelle diminuait avec une rapidité effrayante. Beaucoup de projets furent présentés à la Convention dans le but de relever les assignats et d'améliorer l'état des finances. Le 6 nivôse an III (26 décembre), Johannot osait évaluer à *quinze milliards* les biens nationaux formant l'hypothèque fictive des neuf milliards d'assignats déjà émis [1]. Mais il était facile de prouver qu'il se trompait de plus de moitié. Des gens très compétents n'évaluaient les biens nationaux qu'à cinq ou six milliards, dont il fallait déduire près de deux pour les dettes dont ils étaient grevés, dettes que la Convention avait reconnues à la charge de l'État, ce qui réduisait le gage à quatre milliards, et cette somme fut encore

---

[1] S'agissait-il de milliards en argent ou en papier? C'est ce que Johannot s'est bien gardé de dire.

diminuée par la loi très juste du 14 floréal (3 mai 1795), qui restituait les biens des condamnés révolutionnairement à leurs familles. Il est établi maintenant par des recherches consciencieuses qu'au maximum les biens nationaux s'élevaient à cinq milliards et demi [1].

Comment se débarrasser de cette masse énorme d'assignats condamnés à baisser toujours ? Le 3 pluviôse (22 janvier 1795), Cambon présenta un curieux rapport sur les moyens de les retirer de la circulation. Il fit des aveux intéressants [2]. Ainsi, le fameux emprunt forcé du 3 septembre 1793, au lieu d'un milliard, n'avait fourni que cent quatre-vingts à deux cents millions. Il proposa de créer une loterie pour retirer quatre milliards d'assignats de la circulation, mais ce projet ne fut pas goûté par la Convention. Bien d'autres projets furent encore mis en avant et repoussés ; aucun d'eux, du reste, n'aurait pu arrêter la chute de l'assignat, qui fut encore accélérée par des décrets imprudents de la Convention. Comme il était absolument impossible d'empêcher les assignats de baisser, les révolutionnaires allaient être obligés de ne plus les imposer toujours pour leur valeur nominale. La Convention, par la loi du 3 messidor (21 juin 1795), fut obligée de constater solennellement le désastre financier dont les assignats étaient la cause. Elle établit, dans certains cas, « une échelle de proportion pour les paiements et recettes, calculée sur les progrès de l'émission ou de la rentrée des assignats. » Le 2 thermidor (20 juillet), la Convention prit une décision très grave contre les assignats. La contribution foncière pour l'an III devait être payée moitié en assignats à leur valeur nominale, moitié en grains. Les fermiers de biens ruraux et de moulins à grains devaient avancer la moitié de la contribution en nature et payer aux propriétaires la moitié de leur fermage d'argent en nature par la quantité de grains que la moitié du prix du bail

---

[1] Stourm, *Les Finances de l'ancien régime et de la Révolution*, t. II, p. 461 et suiv.

[2] Il déclare que depuis le 1ᵉʳ juillet 1790, les dépenses sont de huit milliards cinq cents millions ; la Révolution et la guerre ont coûté là-dessus cinq milliards trois cent cinquante millions en sus des dépenses ordinaires qui, sous la monarchie, s'élevaient, dit-il, à sept cents millions ; Necker disait cinq cent trente-deux ; mais Cambon cherche à atténuer ainsi les dépenses de la Révolution, et, en outre, il ne compte pas celles qui ont été faites contre les règles, surtout pendant la Terreur.

représentait en 1790. Si le fermier n'avait pas assez de grains, il devait payer cette moitié du prix en assignats, non plus a leur valeur nominale, mais suivant le prix commun des grains, qui était alors assez élevé [1].

II.

Le Directoire, en prenant possession du pouvoir, trouva le trésor absolument vide. L'arriéré des impôts des trois dernières années était évalué à treize milliards au cours de l'assignat : cinq francs de rentes se vendaient dix francs. De nombreuses sources de revenus étaient taries, on ne percevait presque plus de contributions directes. Tous les paiements étaient faits en papier déprécié. Le gouvernement avait surélevé les droits des douanes à cause de la chute des assignats, mais non les amendes imposées aux contrevenants ; aussi étaient-elles devenues absolument dérisoires. Le papier timbré payé en assignats, au lieu de rapporter à l'État, se trouvait lui coûter cher. Le gouvernement, tirant si peu de chose de ses revenus, était dans la nécessité d'émettre constamment des assignats, et par conséquent d'accélérer leur dépréciation. « On ne suffisait plus, dit La Réveillière, à imprimer dans le cours de la nuit ceux qui étaient indispensablement nécessaires à satisfaire aux besoins les plus pressants du lendemain [2]. »

Le Directoire employait huit cents ouvriers à la fabrication des assignats, et suivant l'habitude des comités de la Convention, il faisait des émissions continuelles sans consulter le Corps législatif. Le 8 brumaire, avant de se séparer, le Comité de salut public avait ordonné une émission de quatre milliards d'assignats. Le 26, le Directoire ordonna d'en fabriquer encore, par précaution, quatre milliards, dont cinq cents millions en assignats de cent livres pour avoir de la petite monnaie, car le louis se paie alors *trois mille dix-huit livres* en papier.

[1] Les contributions et loyers des maisons et usines étaient toujours payés en assignats valeur nominale : ainsi, une maison louée mille livres en rapportait trente, car le louis valait alors à peu près huit cents livres, et six semaines plus tard, il en valait onze cents.

[2] Faipoult, en prenant possession du ministère des finances, constate que la fabrication des assignats est moins rapide que la dépense. (Arch. nat., AF³, p. 181.)

Le 24 brumaire, Eschassériaux présenta au conseil des Cinq-Cents, installé depuis le 5, un long rapport de sa commission des finances, en séance secrète. Il avoue qu'il y a eu des dilapidations énormes, qu'on n'a suivi aucune règle, « la planche aux assignats fut la ressource unique, » et l'on n'a pas cessé de faire des émissions sans les annoncer. Il essaie ensuite de faire le bilan de la situation actuelle [1]. On a déjà émis pour *vingt-neuf milliards* quatre cent trente millions 481,623 livres d'assignats, dont *dix-neuf milliards* 452,425,000 livres par simples arrêtés du comité, du 6 vendémiaire an III au 8 brumaire an IV. Mais, suivant lui, il faut en déduire pour trois milliards 352 millions et 683,000 livres d'assignats brûlés, d'autres à brûler, d'autres démonétisés ou dans les caisses, et cinq milliards cent millions restant à fabriquer sur les émissions ordonnées : il n'y aurait donc en circulation active au 15 brumaire que dix-huit milliards 903 millions 484,464 livres en assignats. Il fournit ensuite un état des biens nationaux. Il estime qu'en comprenant ceux de Belgique, ces biens représentent sept milliards, valeur métallique, et qu'en payant le milliard promis aux défenseurs de la patrie, il restera six milliards, et qu'avec un seul milliard « on peut solder la masse entière des assignats émis [2]. » La république pourra donc, même après avoir payé les dettes qui grèvent les biens des émigrés, garder cinq milliards, valeur métallique, de biens nationaux pour parer aux événements de la guerre. Ainsi donc, la situation financière serait magnifique, et pour en jouir, il s'agit simplement de sortir d'une crise.

Pour y arriver, il propose de remplacer les assignats par « un nouveau titre qui représente une valeur fixe et spéciale, qui puisse mettre entre les mains des créanciers de la république son gage, son hypothèque, *que rien ne pourra discréditer*, etc., etc., » par des cédules au moyen desquelles « la valeur particulière de chaque domaine national est représentée, chaque créance garantie. » On a dit à peu près la même chose de l'assignat, mais qu'importe? La cédule va immédiatement

---

[1] *Journal des débats et décrets*, brumaire an IV, p. 225; ce révolutionnaire très décidé avoue que depuis le 10 août on n'a suivi « aucun plan » ni système d'économie; tout allait avec et suivant les circonstances, on ne songeait point à l'avenir. » Le ministère de la guerre était devenu un gouffre.

[2] On a vu que le 6 nivôse an III, Johannot les évaluait à quinze milliards.

sauver les finances, rétablir l'équilibre du prix des denrées, guérir une foule de maux.

Ces miraculeuses cédules seront données pour échange contre des assignats, mais sur quel pied ? Le rapporteur déclare que l'État ne peut rembourser l'assignat à sa valeur, ce serait folie ! et il établit la nécessité d'une forte banqueroute. Il faut seulement que le cours de l'assignat soit désormais constaté d'une manière légale, non par l'État, mais par un acte de notoriété publique. Alors le gouvernement, pour les faire monter, les prendra au double du prix du cours, et ils monteront indéfiniment [1].

Vient ensuite un plan de réforme des finances ; le rapporteur propose de faire payer désormais les contributions sur le pied de 1790, en argent ou en assignats au cours, ce qui est extrêmement grave. Il présente un projet de résolution dont les principales dispositions sont la destruction de la planche aux assignats dès le 15 nivôse, la délivrance de cédules contre assignats admis au double du cours constaté. En outre, les rentiers et les pensionnaires de l'État seront payés en numéraire ou en assignats au cours légal. C'était facile à promettre ! Toute vente de biens nationaux sera suspendue : les délais étant expirés, toute demande en radiation des listes d'émigrés sera repoussée [2]. Les biens nationaux seront cédulés valeur de 1789, et ne seront vendus qu'à l'échéance de la cédule. Ces cédules ne pourront acquérir cours forcé, mais elles seront négociables comme les effets de commerce, et rapporteront trois pour cent.

Ce projet est l'origine des *mandats territoriaux*. Comme l'on ne savait encore à quels expédients financiers on aurait recours, la vente des biens nationaux fut, le 30 brumaire (21 novembre), suspendue jusqu'au 1er prairial (20 mai). Au milieu de toutes ces discussions, qui ne pouvaient évidemment remplir les caisses de l'État, le Directoire recourait à des expédients de toute sorte pour se procurer des ressources. La loi du 3 fri-

---

[1] « La baisse du cours des assignats a pour ainsi dire augmenté de vitesse comme une pierre dans sa chute, la hausse aura aussi sa progression. » (*Débats et décrets*, brumaire an IV, p. 233.) On voit comme les révolutionnaires se faisaient de folles illusions !

[2] Eschassériaux fit un appel à la concorde entre révolutionnaires exclusivement, et en criant : « Jamais grâce aux émigrés, » ce qui veut dire surtout : « Jamais grâce à leurs fortunes. »

maire (24 novembre) les sanctionna, en l'autorisant à faire faire par la trésorerie les négociations en numéraire et en papier qu'il jugerait nécessaires aux finances. Il devait, sous ce prétexte, gaspiller bien des millions. Comme les employés du gouvernement payés en papier étaient réduits à la plus affreuse misère, le Directoire arrêta, le 7 frimaire, qu'ils continueraient à être payés en assignats, non pas au cours, mais à raison de trente fois leur traitement. Il portait ainsi un nouveau coup au système des assignats, tout en donnant encore bien peu aux employés, car ils n'allaient recevoir pour le moment que le quart de leur traitement réel, et l'assignat baissait toujours [1]. Mais le 14 frimaire, le projet d'Eschassériaux, qui avait été voté avec quelques modifications, fut repoussé par les Anciens [2].

Le Directoire et les Cinq-Cents furent très émus de cet échec. Indépendamment des dépenses ordinaires, il fallait subvenir à l'alimentation de Paris et à l'entretien des armées d'Allemagne qui, forcées de rentrer en France, ne vivant plus aux dépens de l'ennemi, mais ne recevant rien du trésor, devenaient une charge très lourde pour le pays, car on recourait souvent aux réquisitions [3] pour les faire subsister. Le Directoire, qui avait bien à tort compté sur les cédules, revint aux procédés révolutionnaires, et demanda un emprunt forcé.

Le 15 frimaire (7 décembre 1795), il envoie aux Cinq-Cents un message dans lequel il déclare que longtemps il a cru devoir adoucir, aux yeux des conseils, une partie des maux qui affligent la république « et des maux plus grands encore qui la menacent imminemment; » mais l'heure des palliatifs est passée, « la vérité, la vérité seule dans toute sa rudesse, nous offre la dernière planche de salut que nous apercevions dans ce moment de naufrage. Nous touchons à notre dernier terme, si quelque ressource inattendue ne sort pas, pour ainsi dire avec la rapidité de l'éclair, du génie de la liberté. » On ne peut plus

[1] Un mois plus tard, à cause de cette baisse continuelle, ils n'en recevront plus qu'un septième.

[2] Le rapporteur Lebrun prouva que ce projet ne reposait sur rien. Ne supposait-il pas, en effet, que trente milliards d'assignats représentaient un milliard en valeur métallique, tandis que dans les conventions entre particuliers, ils ne représentaient que de deux à trois cents millions!

[3] *Les bons de réquisition* furent un véritable fléau pour les finances ; on n'a jamais pu en établir la valeur, même approximativement.

compter sur aucune ressource immédiate. Il faut donc recourir
à un emprunt forcé sur les riches; il sera de six cents millions,
valeur métallique, et atteindra seulement le cinquième des contribuables, c'est-à-dire, suivant le Directoire, un million d'indi-
vidus. « Par là, disait-il cyniquement, il se trouvera que l'immense majorité des citoyens qui ne participerait pas à cet
emprunt lui applaudirait en voyant qu'il sauverait la chose
publique. » Les prêteurs forcés seraient désignés par leurs administrations départementales, et la moitié de leur cotisation
exigible après vingt jours. « Il est temps enfin, disait le Directoire, que les citoyens les plus opulents viennent au secours de
la classe malaisée, qui a supporté jusqu'à présent avec tant de
courage le fardeau de la Révolution. »

Comme si la classe aisée n'avait pas été opprimée et plumée
dès le début de la Révolution! Comme si les souffrances subies
par la classe pauvre n'avaient pas été la conséquence directe, nécessaire, des lois absurdes, iniques, spoliatrices, des révolutionnaires! On reconnaît bien là leur impudence ordinaire. Ce message était farci de déclamations jacobines, mais c'était encore
son moindre défaut. La constitution proclamait l'égalité de tous
les citoyens devant la loi, leur obligation à tous de participer
aux charges publiques suivant leurs forces : on la violait pour
revenir à l'odieux système de 1793, pour proclamer de nouveau
que la richesse et la simple aisance sont une sorte de crime
contre la démocratie.

Le surlendemain, Ramel présenta le rapport de là commission des finances sur l'emprunt forcé. Comme il s'agit d'un emprunt et non d'un impôt, il prétend qu'on n'a pas à s'occuper
de la constitution, et qu'on peut taxer à tort et à travers les
prétendus riches. Le projet du Directoire est un peu modifié.
Cet emprunt frappe les citoyens *aisés*, et non plus les citoyens
riches, comme celui de 1793. Où trouvera-t-on ces citoyens
aisés? « Dans le quart le plus imposé ou le plus imposable des
citoyens de chaque département. » Les prêteurs forcés, désignés
arbitrairement [1] par les administrations, sont divisés en seize
classes égales en nombre, sauf la dernière, qui comprend ceux

---

[1] En effet, elle les désignaient « soit d'après le rôle des impositions, soit
d'après la notoriété publique des facultés. » (Art. 3.)

dont la fortune atteint ou dépasse cinq cent mille livres, valeur de 1790. On peut les taxer de quinze cents à six mille livres arbitrairement. La quinzième classe paie douze cents livres ; la moins chargée, cinquante. Le remboursement qui devait, disait-on, réparer toutes les injustices partielles, serait effectué de la manière suivante. Le prêteur recevrait une feuille divisée en dix coupons séparables, chacun de la valeur du dixième de son prêt et pouvant être employé par lui, ses héritiers ou les acquéreurs de son bien, à payer les contributions directes et au besoin les droits de succession, de telle sorte qu'en dix ans l'emprunt serait remboursé. L'État payait donc en dégrevant les contribuables les plus aisés, et sans doute les plus exacts. C'était manger son blé en herbe dix ans de suite.

Pour faire connaître l'étendue des besoins du trésor et emporter le vote, Ramel donna lecture aux Cinq-Cents d'un mémoire des commissaires de la trésorerie d'où il résultait qu'il fallait se procurer dans le mois vingt milliards deux cents millions en assignats, c'est-à-dire soixante-dix millions environ en numéraire, et il était impossible de fabriquer dans ce délai le nombre d'assignats nécessaire. Mais si le Corps législatif votait ce projet, la trésorerie, d'après Ramel, recevrait bien vite le numéraire dont elle avait besoin, le crédit serait rétabli, les finances de la république régénérées. Les Cinq-Cents votèrent docilement le nouvel emprunt forcé de six cents millions en valeur métallique, en grains ou en assignats pris au centième de leur valeur nominale [1] (art. 7). Cette taxe sur un pays aussi appauvri et chargé déjà de cinq cents millions d'impôts qu'il ne venait pas à bout de payer, était exorbitante. Pouvait-on oublier que Necker, lorsque la France était dans une bien meilleure situation, avait tenté deux modestes emprunts, l'un de trente, l'autre de quatre-vingts millions, et avait échoué complètement ?

La discussion aux Anciens fut beaucoup plus sérieuse qu'aux Cinq-Cents. Dupont de Nemours montra qu'il était absurde de demander le paiement en six semaines [2] de six cents millions, plus que quatre fois la valeur de la contribution directe ordinaire,

---

[1] Ils étaient alors au deux centième, mais on espérait en faire rentrer ainsi un plus grand nombre.

[2] On devait payer le tiers la dernière décade de nivôse, et le surplus en pluviôse suivant ; on était au 19 frimaire.

lorsque les citoyens n'avaient plus aucun fonds de réserve, tout ayant été déjà absorbé par les contributions patriotiques forcées, l'emprunt de Cambon, les exactions de la Terreur, le discrédit des assignats. Vernier lui répondit en invoquant le salut public, et fit appel aux passions révolutionnaires. Cet emprunt, dit-il, « n'est dirigé que contre les riches et les gens aisés, *ce qu'on ne peut trop apprécier parmi les républicains* [1]. » Corenfustier eut le courage de demander carrément sur quoi l'on comptait pour remplir l'emprunt, et de rappeler que les riches et les bourgeois avaient été ruinés par les impôts révolutionnaires, et les négociants par le *maximum*. Néanmoins les Anciens votèrent l'emprunt forcé.

Faipoult, ministre des finances, adressa, le 21 frimaire, une circulaire aux administrations départementales, pour leur enjoindre de percevoir le nouvel emprunt et de recueillir de l'argent n'importe comment; elles devront taxer approximativement; on ne cesse de répéter qu'il faut avant tout aller vite et que le remboursement (en dix années) réparera toutes les inégalités. Mais la loi doit atteindre tous les riches, même ceux qui ne sont portés sur aucun rôle, et il faut absolument taxer les nouveaux enrichis. C'est principalement sur les prêteurs de cette catégorie que les administrations vont exercer un pouvoir discrétionnaire. Bien qu'ils soient devenus riches pendant la Révolution et par la Révolution, les gens au pouvoir sont très malveillants pour eux, et ne cherchent qu'à les plumer. Le ministre constate « que les simples rentiers, autrefois comptés parmi les riches, sont maintenant à classer parmi les pauvres. » Aussi « on désignera surtout ceux qui depuis la Révolution ont conquis de grandes fortunes à la suite des *commissions du gouvernement*, ou par des entreprises *de fournitures et de commerce.* » Les nouveaux riches, bien que partisans zélés de la Révolution, excitent à la fois l'envie et la méfiance de presque tous les révolutionnaires. Ces parvenus n'ouvrent leur crédit aux gouvernants que moyennant de bonnes garanties et de beaux bénéfices : ils les forcent à se courber devant la puissance de l'argent; aussi les gouvernants sont déterminés à profiter de l'occasion pour les taxer fortement, et les petits révolutionnaires

---

[1] Ce républicain trop ardent sera sénateur de l'Empire, puis pair de France.

restés pauvres en dépit de leurs efforts, mais toujours dévorés d'envie, mettront le plus grand zèle à dénoncer ces riches aux taxateurs.

On se mit à l'œuvre immédiatement et les contribuables prétendus aisés furent taxés à tort et à travers. Les décisions des administrateurs étaient sans appel, on répondait par le fameux remboursement à toutes les plaintes. Les retardataires étaient poursuivis avec rigueur. Mais les gens qui savaient se rendre compte des ressources de la France avaient prévu tout de suite que cet emprunt rapporterait peu.

Le Directoire avait besoin d'argent à l'instant même, et il dut reconnaître bien vite qu'il n'était pas même en état d'attendre les premiers produits de l'emprunt, et que le premier tiers, lorsqu'il serait exigible, aurait été mangé d'avance. Il était en outre certain que l'État allait recevoir une multitude d'assignats acceptés par lui pour plus qu'ils ne valaient. Aussi le Directoire, quelques jours après le vote de l'emprunt, envoya, le 28 frimaire (19 décembre), deux messages. Le premier demandait immédiatement des ressources « sans lesquelles il lui serait impossible d'approvisionner l'armée et d'enchaîner la victoire, » et dans ce but, il réclamait l'autorisation d'aliéner les forêts nationales et tous les biens des émigrés, pour consolider la Révolution par leur expropriation irrévocable et en finir avec les assignats. Le second message avait pour objet de faire élever de six mille à *vingt-cinq mille* livres le maximum qui serait imposé aux plus riches. Ces demandes ne furent pas très favorablement accueillies, mais le Directoire pressa vivement les Cinq-Cents de lui fournir des ressources; ils se réunirent en séance secrète, et prirent sur les finances plusieurs résolutions qui furent adoptées par les Anciens. Il fut décidé que les assignats émis ou à émettre ne pourraient excéder *quarante milliards*, et que les planches seraient brisées dès que ce chiffre aurait été atteint. Le Directoire fut autorisé à aliéner une partie importante des domaines nationaux, la jouissance de certaines forêts ci-devant royales, la plupart des châteaux et parcs de la liste civile. Tous les assignats provenant de l'emprunt forcé seront barrés, annulés, puis brûlés à Paris; les assignats ne sont admis au paiement de l'emprunt forcé, sur le pied de cent pour un, que jusqu'au 15 nivôse dans le département de la Seine, jusqu'au 30 dans les autres départements (loi du 3 nivôse).

Les ventes décrétées ne pouvaient procurer au Directoire l'argent dont il avait besoin : en effet, l'emprunt forcé enlevait les capitaux de la plus grande partie des gens qui auraient pu acheter, et les spéculateurs avaient tout intérêt à conserver ce qui leur restait d'argent comptant pour le faire fructifier très avantageusement, car les prêts se faisaient alors à un taux exorbitant. Il ne fallait donc compter ni sur des ventes avantageuses, ni sur des paiements rapides en valeurs sérieuses [1].

Il fallut bien reconnaître qu'il était insensé de demander à bref délai une somme aussi forte à un pays écrasé par six années de désastres. La manière arbitraire dont cet emprunt était levé souleva les plus vives réclamations [2]. On prit inutilement des mesures rigoureuses pour assurer sa perception.

Le Directoire, toujours pressé d'argent, créa immédiatement pour trente millions de *rescriptions* à trois et quatre mois de date sur les produits si problématiques de l'emprunt forcé et des ventes des bois nationaux. Elles devaient être reçues comme valeur métallique dans les caisses publiques. Mais ce n'était pas assez; on en émit bientôt pour soixante millions. Seulement elles ne furent acceptées qu'avec une dépréciation importante, car le public était persuadé, avec raison, que l'emprunt produirait fort peu de numéraire. Elles furent négociées d'abord avec 35 pour cent de perte. Le 11 pluviôse, le Directoire, pour les soutenir, donna l'ordre d'en faire acheter avec ses fonds disponibles [3]; il releva ainsi leur cours pendant quelque temps; leur dépréciation n'est plus que de 25 à 30 pour cent du 13 au 20 pluviôse, mais bientôt elles retombent. Pendant le mois de ventôse, elles baissèrent sensiblement, et en vinrent à perdre 50 et 55 pour cent; elles furent alors remplacées par les mandats territoriaux.

Juste au moment où l'on commençait à négocier les rescrip-

---

[1] Le 4 nivôse, pour trouver un peu d'argent, il fut décidé que les douanes seraient payées moitié en numéraire, moitié en *assignats au cours;* le mois suivant, on prit le même parti pour les amendes.

[2] « Aucun de nous, dit Lafon-Ladebat aux Anciens, le 22 nivôse, n'ignore l'arbitraire des taxes qui ont été faites, aucun de nous n'ignore que plusieurs citoyens ont été taxés pour des sommes qui excèdent la totalité de leurs propriétés. » (*Débats et décrets*, nivôse an IV, p. 292.)

[3] Arch. nat., AF³, r. 181.

tions, le Directoire donna une grande publicité à un rapport impudemment optimiste de Faipoult. Il annonçait (10 pluviôse, 31 janvier) que l'emprunt forcé, « malgré les erreurs commises dans sa répartition, » réussissait très bien, que l'assignat reprenait faveur, et que « certaines compagnies, qui n'en voulaient plus recevoir, commençaient à le rechercher. » Il annonçait pour le 1er floréal 216 millions métalliques. La recette serait alors supérieure à la dépense, aussi les rescriptions devaient être exactement payées, « quand bien même leur émission s'élèverait jusqu'à deux cents millions; » on répandait ces faux bruits pour faire réussir les rescriptions, mais le public ne fut point dupe de cette manœuvre.

Malgré tous les efforts du Directoire et des Conseils [1], l'emprunt aboutit à une forte déception; il ne fit rentrer, d'après les comptes de la trésorerie, que 6 milliards 762 millions 728,571 livres en valeurs absolument mortes. Au 1er germinal an V, lorsque tout était bien fini, il fut constaté qu'on avait recueilli *onze millions* 339,444 livres 1 sol 7 deniers en *numéraire*, 1,325,470 livres 14 sols 2 deniers en matières d'or et d'argent, et 293 millions en assignats au cours. Ainsi, onze millions en espèces, lorsque le ministre des finances en avait annoncé cent cinquante au minimum !

L'emprunt n'avait donc ni procuré de l'argent ni débarrassé la France des assignats. Le Directoire avait décidé, le 21 nivôse (11 janvier), que la trésorerie n'emploierait plus que deux cents millions en assignats pour les dépenses journalières, et se servirait du reste pour acheter du numéraire ; mais le 5 pluviôse (22 janvier), il réduisit cette somme à cinquante millions ; ainsi les directeurs, les ministres, les députés et quelques hauts fonctionnaires se trouvèrent seuls assurés de leurs traitements ; les créanciers de l'État et les petits fonctionnaires virent leurs paiements et leurs traitements suspendus [2].

---

[1] Une loi nouvelle du 26 pluviôse (15 février) bouleversa complètement l'économie de la loi du 19 frimaire en autorisant les administrateurs à rectifier la répartition, sans être tenus de conserver le nombre égal de prêteurs dans chaque classe, ni les tarifs des quinzième et seizième classes, à rejeter les décharges accordées sur les citoyens omis ou trop peu taxés, et à imposer jusqu'au cinquantième de leur fortune ceux dont les facultés excédaient cent mille livres de capital, valeur de 1790.

[2] Le 12 pluviôse (2 février 1796), le Directoire décida que le gouvernement,

III.

Le déplorable état des finances inquiétait vivement les révolutionnaires au pouvoir, mais il leur fournissait du moins d'impudents prétextes pour perpétuer l'odieuse législation qui faisait de nouveaux émigrés, pour confisquer des biens et décréter des mesures révolutionnaires dont le seul résultat était de rendre le gâchis politique et financier encore plus épais. Ne sachant comment se débarrasser des assignats, ils imaginèrent de créer un nouveau papier-monnaie.

Le 25 pluviôse, Ramel fut nommé ministre des finances à la place de Faipoult. Il célébrait avec emphase tous les actes financiers de la Révolution ; il avait proposé d'assurer le succès de l'emprunt forcé par des moyens violents ; il venait de présenter un rapport singulièrement optimiste sur les assignats. Aussi était-il regardé par les révolutionnaires comme un grand financier, comme le ministre de la situation. Les Jacobins en étaient restés aux procédés financiers de 1793, et ne songeaient qu'à imposer par violence le relèvement des assignats, bien que toutes les forces du système terroriste eussent été impuissantes à empêcher leur fabuleuse dépréciation. Ils pensaient toujours au bon temps où l'on prenait de force le numéraire aux citoyens pour leur donner des assignats à la place, et trouvaient tout simple de fixer un taux fantaisiste aux assignats, et de traiter révolutionnairement en rebelles ceux qui ne les prenaient pas docilement pour cette valeur. La pénurie du trésor était réelle, mais le gouvernement gaspillait énormément. Le 28 pluviôse, Dupont de

dans l'intérêt des finances, cesserait de pourvoir lui-même à l'approvisionnement de la capitale. Depuis longtemps la distribution de vivres était faite aux citoyens à très bas prix, et cette dépense s'élevait alors à *quatre-vingt-six* millions *huit cent vingt-quatre mille* livres en numéraire. Cependant, il fut décidé que l'on distribuerait encore 150,000 livres de pain et 10,000 de viande par jour aux véritables indigents. Malheureusement, beaucoup d'employés et de salariés de l'État étaient aussi indigents que les loqueteux, aussi le Directoire, assailli de réclamations trop justifiées, porta, le 24, à 240,000 livres cette distribution de pain ; les rentiers et pensionnaires indigents, les fonctionnaires et salariés du gouvernement furent admis à prendre part à cette distribution qui, pour beaucoup d'entre eux, était encore le bénéfice le plus clair de leur place. (V. Rapport de Fermon, 25 pluviôse.)

Nemours répondait à ceux qui voulaient justifier les mesures les plus injustes par le manque de fonds : « Des fonds, on les trouverait dans l'ordre et l'économie, dans la répression d'une multitude de délits. Quoi ! j'entends dire partout que l'on offre de prouver que la République paie pour ses armées deux fois plus de rations qu'elle n'a de défenseurs, et l'on demande où l'on prendra des fonds ! » C'était très vrai ; le républicain général Jourdan le proclama plus tard à la tribune. Le 4 ventôse (23 février), on entama aux Cinq-Cents une discussion très importante sur les moyens de relever le papier-monnaie. Camus présenta un rapport au nom des commissions réunies des finances et des dépenses. Il annonça qu'il avait été émis pour *quarante-cinq milliards cinq cent quatre-vingt-un millions d'assignats* [1]. Après avoir solennellement annoncé que le chiffre de quarante milliards ne serait jamais dépassé, on avait donc émis près de six milliards d'assignats sans aucune forme légale. Comme on en avait brûlé plus de six milliards, il ne restait plus en circulation au 1er ventôse que *trente-neuf milliards* 286,762,780 livres en assignats ; on espérait alors que la circulation serait réduite à vingt ou vingt-cinq milliards par l'emprunt.

Camus fit ensuite l'énumération des biens nationaux, gage des assignats. Les forêts nationales suffiraient, suivant lui, à les garantir, car il les estimait trois milliards cent vingt-deux millions. Seulement, on devait en distraire pour le moment six cents millions appartenant aux émigrés, dont il fallait liquider les dettes : en estimant ces dettes au tiers, il resterait deux milliards neuf cents millions. Un membre de la commission avait proposé de réduire les assignats au dixième. Suivant lui, il y en avait encore pour vingt-cinq milliards ; on pourrait ainsi les rembourser avec le prix des forêts. La commission n'avait pas osé conseiller cette banqueroute de quatre-vingt-dix pour cent, mais pour faciliter l'écoulement de la masse énorme des assignats, elle proposait de rouvrir les ventes de biens nationaux pour qu'on payât en assignats, de ne donner que des assignats en paiement des intérêts de la dette publique, et de lever la suspension ordonnée de tous les remboursements, c'est-à-dire

---

[1] *Débats et décrets*, ventôse an **IV**, p. 19. Le Directoire émit pour 35 milliards 603 millions d'assignats.

de supprimer les mesures prises pour remédier aux maux et aux injustices causés par les paiements en assignats.

De telles propositions ne pouvaient que jeter l'alarme dans les esprits. Les modérés demandaient le relèvement des finances par l'ordre et l'économie, par la fin du gaspillage et des malversations [1]. Les républicains zélés s'obstinaient à réclamer des moyens révolutionnaires dont l'inefficacité était pourtant démontrée depuis longtemps. Ainsi Dubois-Crancé soutint qu'on avait supprimé imprudemment le *maximum*. Il demanda qu'on levât l'impôt en nature, non pas au dixième, mais au cinquième. Le Directoire a annoncé qu'il lui fallait quinze cents millions, valeur métallique. C'est folie que d'espérer se procurer une telle somme en numéraire. « Ainsi c'est une vérité qu'il faut que les Français sachent, *il ne leur reste que l'assignat ou la mort* [2]. » Proscrire pour confisquer, et faire du papier-monnaie avec les confiscations, tel était le système invariable des révolutionnaires. Ils n'avaient rien oublié ni rien appris ! Mais si ce système ruinait l'État, il était fort lucratif pour beaucoup de soi-disant patriotes. Une commission fut chargée, le 7 ventôse, d'examiner le projet de Dubois-Crancé. La misère et le mécontentement allaient toujours en croissant. N'avait-on pas répété impudemment aux malheureux que les assignats allaient doubler de valeur et les denrées baisser sensiblement après la destruction de la planche aux assignats? Mais les révolutionnaires allaient remplacer cette fameuse planche par une nouvelle, et substituer à l'assignat un nouveau papier-monnaie qui leur permettrait de faire face pendant quelques mois tout au plus aux difficultés de la situation. Lorsqu'il serait complètement tombé, on aviserait à trouver un autre expédient de même force.

Le Corps législatif avait remis à la disposition du Directoire pour huit cents millions, valeur métallique, de domaines nationaux. Le Directoire déclara qu'on lui avait accordé de vastes domaines qu'il était difficile de bien vendre. Le 19 ventôse

---

[1] Les révolutionnaires un peu indépendants à l'égard du Directoire se plaignaient aussi des dilapidations. « Quel est donc, s'écriait Gay Vernon, ce génie malfaisant qui enchaîne la justice?.... Une armée de sangsues s'est attachée depuis le commencement de la Révolution au corps politique, mais depuis un an, leur voracité s'est accrue d'une manière qui n'a pas d'analogue dans l'histoire. » (*Débats et décrets*, ventôse an IV, p. 33-34.)

[2] *Ibid.*, p. 23.

(9 mars), la commission chargée d'examiner son message, après s'être entendue avec le ministre des finances, déclara qu'elle élargissait la demande faite par le Directoire, et proposait de faire vendre aussitôt pour dix-huit cents millions de biens nationaux. Mais pour trouver immédiatement de l'argent, elle proposait une mesure extrêmement grave, c'était la création d'un nouveau papier-monnaie.

On émettrait pour six cents millions de *mandats territoriaux*, dont les détenteurs auraient le privilège de pouvoir acquérir sans enchères n'importe quel bien national, moyennant le paiement en mandats du prix d'estimation. Le 20, ce projet fut mis en discussion : Dubois-Crancé le trouva excellent ; Bailleul, au contraire, se montra assez prévoyant : la dépréciation subie par les rescriptions créées récemment n'était pas, suivant lui, un présage favorable pour les mandats. Était-il prudent de jeter au hasard six cents millions de papier-monnaie sans savoir le moins du monde quel en serait le sort ? Mais on ne tenait aucun compte de ces objections si bien fondées ; on voulait sortir par un expédient quelconque des embarras financiers du moment, sans s'inquiéter si dans quelques semaines on ne se retrouverait pas dans une situation encore plus défavorable. Le 23 ventôse, le Directoire, tout en proclamant cette résolution « une de ces mesures grandes et heureuses qui, aux époques les plus critiques de la Révolution, opèrent le salut de la République, » déclara aux Cinq-Cents qu'elle serait funeste, s'ils ne donnaient pas immédiatement cours forcé à ces mandats, et n'édictaient pas des peines sévères contre ceux qui les refuseraient. Dès que ces mandats auraient cours forcé de monnaie au pair avec l'argent, ils seraient échangeables à bureau ouvert contre des assignats à *la centième partie* de leur valeur nominale : le cours de l'assignat est à peu près de la trois centième partie. « Voilà, s'écrie audacieusement le Directoire, cette valeur triplée d'un seul mot : que les assignats provenus de cet échange soient brûlés jusqu'à ce qu'il n'en reste plus que trois milliards en circulation : voilà cette circulation revenue ce qu'elle doit être habituellement ! » Ces propositions furent très favorablement accueillies. Le 26 ventôse, les Cinq-Cents décidèrent en comité secret qu'il serait créé des mandats territoriaux, non plus pour six cents millions, mais pour *deux milliards quatre cents mil-*

lions. En effet, puisque l'on comptait sur eux pour faire disparaître les assignats, il fallait en émettre une grande quantité. Ces mandats devaient avoir cours de monnaie dans toute l'étendue de la République, et être reçus comme espèces dans toutes les caisses publiques et particulières. Ils étaient hypothéqués sur tous les domaines nationaux. Tout porteur pouvait acquérir un domaine sur le prix de l'estimation, en payant avec des mandats la moitié du prix dans la première décade, l'autre dans les trois mois. La valeur des biens était fixée sur le pied de vingt-deux fois le revenu net d'après les baux de 1790, et pour les maisons, à raison de dix-huit fois le produit. Sur l'ensemble des mandats, on emploierait la quantité nécessaire pour retirer, à raison de *trente capitaux pour un* (et non de cent comme le Directoire l'avait d'abord demandé), tous les assignats encore en circulation. Il serait remis en outre six cents millions à la trésorerie, et le reste devait être déposé dans une caisse à trois clefs. Tous les porteurs d'assignats les échangeront contre des mandats dans les trois mois. Assignats et mandats rentrés par échange ou par vente de biens nationaux seront biffés pour être brûlés.

Les Anciens discutèrent aussi cette résolution en comité secret : au moment du vote, lorsque la séance redevint publique, Lafond-Ladebat et un autre député insistèrent vivement pour combattre la résolution, mais on était décidé à courir l'aventure ; la parole leur fut refusée, et la résolution fut adoptée le 28 ventôse (18 mars), à la presque unanimité.

Le lendemain, il fut décidé encore que la trésorerie, en attendant la fabrication des mandats, était autorisée à donner des *promesses de mandats* qui auraient cours comme les mandats eux-mêmes, à la charge d'être endossées ; mais cette condition fut supprimée le 5 germinal. Ces promesses devaient être échangées contre des mandats définitifs. Il fut également décidé que les rescriptions à l'emprunt forcé qui étaient en circulation feraient provisoirement office de promesses de mandats et auraient cours forcé. C'était au moins imprudent, car elles perdaient alors cinquante-quatre sur cent.

La réduction officielle des assignats au trentième, décrétée par la loi du 28 ventôse, constituait déjà une banqueroute de 96,66 pour cent.

Mais le mandat territorial était, par les lois mêmes qui l'instituaient, frappé d'un discrédit de plus de soixante-quatorze sur cent. Lafond-Ladebat, qui avait combattu sa création dans le comité secret, en fit bientôt la démonstration. En effet, on avait commis la faute de l'assimiler aux rescriptions, qui subissaient une dépréciation énorme, malgré les garanties qu'on leur avait données, et en outre on l'avait créé pour être la valeur représentative des biens nationaux, d'après les évaluations de 1790, et c'était le frapper de plus de soixante pour cent de perte, puisque la valeur de ces biens avait diminué dans cette proportion. « Ainsi, cent mille livres de mandats, au moment de leur émission, ne représentaient plus que vingt-six mille livres de valeur réelle. » En effet, on reconnaissait alors qu'un bien patrimonial valait le quart de ce qu'il aurait été vendu en 1790 ; certains biens nationaux le huitième, les biens d'émigrés le douzième ! La majorité républicaine n'avait pas permis à Lafond de reproduire en séance publique des arguments aussi frappants, car il fallait absolument, pour assurer aux mandats un succès passager, que le public n'entendit formuler aucune objection.

Aussitôt après le vote définitif, le Directoire, dans une longue proclamation, représenta presque les mandats territoriaux comme une panacée universelle [1].

Les révolutionnaires criaient partout qu'ils avaient fait un chef-d'œuvre et s'admiraient eux-mêmes plus que jamais. Treilhard prétendait que les hommes sérieux étaient unanimes à regarder les mandats comme aussi sûrs que l'argent. L'officieux Lecoulteux assurait que leur hypothèque était bien préférable à celle des assignats. Mais le bon sens public craignait de voir se renouveler bientôt l'épouvantable désastre des assignats ; aussi avait-on soin de crier à tue-tête que les mandats leur étaient bien supérieurs, car ils donnaient toute facilité pour réaliser ce fameux gage qui n'avait pas empêché le prodigieux effondre-

---

[1] .... « La nation se trouve tout à coup reportée, par la création des mandats temporaires, au même état de fortune et de moyens qu'elle était dans les premiers temps de la Révolution.... il n'y aura plus d'agiotage ; » « l'activité du commerce et des arts renaîtra ; les routes et les canaux seront tirés de leurs ruines.... » les fonctionnaires seront payés ; » les longues souffrances des créanciers et des pensionnaires de l'État seront enfin allégées ; la solde sera payée, et ce sera le bonheur dans la prospérité. » (*Débats et décrets*, ventôse an IV, p. 415.)

ment des assignats. On réédita toutes les sottises qu'on avait débitées lors de la création des assignats, sottises dont le public dupé et appauvri ne se souvenait que trop bien. Les mauvais jours étaient passés, on entrait dans l'âge d'or ! Les révolutionnaires célébraient leur nouvelle invention avec un curieux mélange d'ineptie, de folle présomption et de charlatanisme. Tout le monde fut tenu d'exalter les mandats comme jadis les assignats. On était un mauvais citoyen si l'on doutait de leur succès, si, pour faciliter leur circulation, on n'était pas d'avis d'abroger les lois les plus nécessaires. L'incapacité financière de ces hommes d'État était si profonde, leur esprit était tellement fermé aux leçons les plus terribles de l'expérience, qu'ils crurent pour la plupart régénérer ainsi les finances, et pouvoir bientôt, grâce à leurs mandats, remuer des milliards immobilisés jusqu'alors. Ils se mirent donc à voter une série de lois qui devaient leur susciter les plus graves difficultés, si leurs mandats subissaient une légère dépréciation.

Cependant le public fit immédiatement l'accueil le plus décourageant au nouveau papier-monnaie. Il faisait ce raisonnement bien simple : les mandats représentent trente fois la valeur des assignats, et ceux-ci sont au trois centième ; ils ne peuvent donc être acceptés qu'au dixième de leur valeur nominale. Aussi, bien qu'on fît de prodigieux efforts pour les soutenir, furent-ils tout de suite cotés très bas. Le 1er germinal (21 mars), jour de l'apparition de ce papier, le mandat de cent livres était coté seulement 34 livres dix sous. Le 8, il n'en valait plus que 29. A la séance du 6, la commission des finances présenta un compte rendu très optimiste des finances de l'État : le gage des mandats s'élevait, d'après elle, à trois milliards 785 millions sans compter les forêts nationales, les salines, les biens nationaux des pays réunis : ainsi la totalité des biens de la république est de 8 milliards 463 millions, sans compter ceux des colonies ; on espérait naïvement faire remonter ainsi les mandats au pair. Une loi du 7 germinal prononça des peines sévères contre ceux qui, par leurs écrits ou leurs discours, décrieraient les mandats, et ceux qui ne voudraient pas les recevoir ; la même loi décida qu'aucune vente ou transaction ne pourrait être stipulée ou exigée qu'en mandats, et que ceux qui achèteraient ou vendraient du numéraire métallique seraient rigoureusement punis. D'autres lois autorisèrent les remboursements suspendus jusqu'alors, et déclarèrent remboursables en mandats, à leur valeur nominale, toutes les obligations contractées en or ou en argent. Aussi, immédiatement les mandats donnèrent lieu à des pertes très graves.

IV.

Pendant quelques jours, le Directoire et ses partisans se crurent très riches et débarrassés de tout souci financier. Ils agirent comme si les mandats, discrédités dès le premier moment, devaient toujours rester au pair. Le gouvernement força de nombreux créanciers à les recevoir comme de l'argent, et leur fit ainsi subir une véritable banqueroute, puisqu'au cours le plus élevé ils perdaient plus de 65 pour cent. Beaucoup de gens voulurent faire comme lui, et imposer les mandats à leur valeur nominale sans s'inquiéter du cours. Les marchands ne voulaient pas livrer leurs denrées contre un papier déprécié, et certains acheteurs prétendaient les contraindre par force à recevoir leurs mandats au pair. Ainsi, des soldats de la garde directoriale, qui étaient payés en mandats et croyaient naïvement que ces mandats valaient de l'argent, enlevèrent de force leurs marchandises aux épiciers, aux fruitières qui refusaient d'accepter leur papier. Le Directoire dut renoncer à imposer ses mandats au pair à ses fournisseurs, et se vit réduit à acheter de l'or et de l'argent; mais la loi du 7 germinal, bien qu'elle lui permit de faire ces opérations, les interdisait aux particuliers sous des peines très graves, et il se trouva donc obligé de pousser à la violation de la loi qu'il venait de faire voter. Aussi le mandat perdait déjà, à la fin de germinal, 84 pour cent, et ce nouveau papier donna lieu au même agiotage, aux mêmes trafics scandaleux que l'assignat.

Ses inventeurs avaient pompeusement annoncé qu'avec lui on réaliserait immédiatement une immense quantité de valeurs jusqu'alors indisponibles en vendant à bon prix des biens nationaux; ce fut le contraire qui arriva; ceux qui achetèrent immédiatement au bon temps des mandats payèrent seulement cinq ou six fois, au lieu de vingt-deux, la valeur du revenu de 1790, mais on en vint bientôt à payer en mandats perdant 90 et

même 95 pour cent, et à acheter pour deux et même pour une
année de l'ancien revenu. Les spéculateurs avaient donc tout
intérêt à faire baisser les mandats afin d'acquérir des biens à
vil prix, et ils y travaillèrent activement avec la complicité
des gouvernants : le fameux trésor de la Révolution était ainsi
gaspillé, mais les hommes qui étaient au pouvoir, les gros
fonctionnaires, les fournisseurs, grâce à l'énorme dépréciation
des mandats, acquirent de magnifiques domaines, soit pour les
garder, soit pour les revendre par morceaux avec un grand
bénéfice, et l'on vit encore une fois les républicains persécuteurs et proscripteurs piller leur république et s'enrichir de ses
dépouilles. Le mandat de cent livres, au moment même où l'on
recommença à vendre des biens nationaux, ne valait plus que de
douze à treize livres [1]. Il était impossible, après tant de fanfaronnades, d'éprouver un échec plus désastreux et plus humiliant
pour la République et pour ses partisans ; mais cet échec permit
à des meneurs du parti de faire des affaires superbes, aussi
supportèrent-ils très gaillardement un désastre qui n'atteignait
que les honnêtes gens. Leur ineptie était sans doute prouvée
une fois de plus, mais ils ne s'en inquiétaient guère. Le 15 floréal (4 mai), le Directoire annonça par un message qu'il n'avait
pu commencer les ventes des biens nationaux que le 14 floréal,
car le Corps législatif avait seulement voté le 6 l'instruction
qu'il avait annoncée. Malgré le pitoyable échec des mandats, il
fit de ce papier un éloge hyperbolique, et promit monts et merveilles ; toutefois il reconnut que pour produire ces magnifiques
résultats, il fallait maintenir les mandats à leur véritable valeur,
sinon ils exposeraient l'État à un grand danger, et il invita le
Corps législatif à prendre promptement des mesures pour le

[1] Supposons un bien du revenu de 5,000 livres en 1790, il est vendu au
début 110,000 livres le 14 floréal, et le mandat est à treize livres et demie : le
prix total est donc 14,850, moins de trois fois le revenu. Mais l'acquéreur ne
paie de suite que la moitié, soit 7,425, et a trois mois pour payer le reste.
S'il l'acquitte au commencement de messidor, le mandat de cent livres vaut
alors sept livres et demie ; au lieu de 55,000 livres, il n'en paie, en réalité,
que 4,125 pour la seconde moitié. Son bien lui aura coûté en tout 11,550 livres ;
et nous avons pris notre exemple à un moment où le cours des mandats
était relativement élevé. Supposons, au contraire, la première moitié versée
lorsque le mandat vaut sept livres, le marché est encore bien meilleur pour
l'acheteur. Sans doute, l'évaluation de vingt-deux fois le revenu de 1790 est
très exagérée, mais même en l'abaissant singulièrement, on voit que le système des mandats faisait vendre les biens nationaux à un prix dérisoire.

soutenir. Les députés tinrent compte de cette invitation, mais leurs lois ne servirent qu'à rendre le désastre encore plus grand.

Aussi, le 29 floréal (18 mai), le Directoire, dans un long message aux Cinq-Cents, avoue que les mandats sont tombés dans le plus grand avilissement et expose une fois de plus l'état désespéré des finances. Il lui faut au moins vingt-cinq millions de numéraire par mois pour les armées, ce qui emporte deux cent cinquante millions de mandats, puisqu'ils sont tombés à dix pour cent. Il est donc forcé d'en émettre. L'assignat est actuellement au trois cent quarantième, les vingt-trois milliards qui existent encore ne représentent donc que soixante-cinq millions, valeur réelle ; mais, pris à trente capitaux pour un, ils absorbent sept à huit cents millions de biens nationaux, valeur de 1790, et l'on se dispense à cause d'eux de rechercher les mandats. La ressource des seize cents autres millions de mandats décrétés se réduit donc, à cause de la dépréciation, à cent soixante millions ; on aura ainsi employé deux milliards quatre cents millions de biens nationaux pour en retirer quoi? deux cent vingt-cinq millions qui n'en auront procuré que *cent soixante* pour le service public (puisque les assignats rentrés doivent être brûlés), et cette somme sera bientôt épuisée, car la trésorerie a déjà dépensé pour vingt et un milliards d'assignats [1].

Tel est le bilan de la situation. Ces mandats territoriaux qui devaient relever les finances, enrichir le pays, jeter la consternation parmi ses ennemis, ont abouti à un désastre complet, à un immense gaspillage de ce trésor des biens nationaux, produit de tant de spoliations et de proscriptions, qui devait permettre à la république de braver tous les dangers. D'où vient cette franchise subite du Directoire après tant de réticences et même de fourberies? C'est qu'il se trouve dans la détresse la plus absolue, et qu'il va proposer une mesure très radicale au Corps législatif. Il déclare qu'au bout de deux mois il ne restera plus rien, ni argent, ni assignats, ni mandats. Le Directoire propose donc de traiter le mandat comme il a bien fallu traiter l'assignat, de le mettre au cours du jour. C'est en réalité une

______

[1] Arch. nat., AF³, r. 182. Ce message fut lu en séance secrète.

forte banqueroute au bout de deux mois. Les mandats à leur valeur nominale et les assignats au trentième continueraient à être admis en paiement du premier quart seulement du prix des biens nationaux. Les acheteurs auraient encore sur ce quart un bénéfice important, mais les trois autres quarts seraient payés en *mandats au cours* ou en assignats au trentième de ces mandats, avec une longue série de termes. Si le mandat n'est pas désormais pris au cours, le Directoire prédit la dissolution prochaine du corps politique, et la perte de la République.

Le 1er prairial (20 mai), il envoyait un nouveau message pour presser le Corps législatif. Il insistait sur l'état déplorable des finances, et avouait que l'emprunt forcé ne devait guère rapporter que des valeurs mortes. Pour se laver du reproche d'avoir mal géré les finances, il faisait de graves révélations. « On attribue aussi notre détresse aux grandes dépenses que l'on pourrait éviter en préférant la voie de l'entreprise à celle de la régie ; on a cité en preuve la régie des hôpitaux militaires. Nous nous serions reproché éternellement d'avoir mis la vie des braves défenseurs de la patrie en entreprise, surtout pour une campagne que nous devons croire la dernière [1]. Les entrepreneurs n'étaient que des vautours qui voulaient dévorer, à titre d'avance, tous les effets et tous les approvisionnements relatifs à ce service, existant dans les magasins de la République, montant à plus de soixante millions, valeur écus. Ils n'auraient pas manqué, comme d'autres entrepreneurs, de laisser tomber le service dès que ces immenses ressources auraient été dilapidées [2]. »

Le Directoire assure qu'il en est de même dans toutes les entreprises : chaque entrepreneur demande d'avance des fonds afin de s'en servir pour agioter, et ne s'inquiète pas de faire le service convenu, et si on lui refuse ces avances, il se retire. Aussi les armées, faute de ressources et de services bien organisés, sont dans une situation lamentable. Celle de l'Ouest « manque de tout, ne vit que par des moyens violents, et sans la détresse cruelle où elle se trouve, on n'aurait pas à reprocher à quelques militaires des actes d'indiscipline toujours inexcusa-

[1] Encore un trait d'hypocrisie du Directoire pour faire accéder à ses demandes les partisans de la paix !
[2] Arch. nat., AF³, r. 182.

bles. » Aucun fournisseur ne se présente pour les armées de Sambre-et-Meuse et de Rhin-et-Moselle, et le Directoire ne peut ouvrir la campagne ; « elles sont obligées de vivre sur ce qui les entoure, des malintentionnés profitent de ce dénuement pour se permettre tous les genres d'exaction, même sur nos concitoyens. » Quant à la marine, « nous ne dirons pas qu'elle languit, elle n'existe pas. »

Tout se désorganise ; les administrateurs, les juges, les employés, n'étant point payés de leurs traitements, se démettent à l'envi. Les communications sont partout interrompues à cause de l'état de dégradation des routes. On manque complètement de fonds pour les travaux publics et pour les hospices, et il sera bientôt difficile de subvenir à la subsistance des Parisiens. Tous les services vont être paralysés, il ne faut plus de demi-mesures. Tout cela était malheureusement exact. Après avoir poussé tant de cris de triomphe, et proclamé avec tant de fracas que les mandats seraient toujours de l'or en barre, il fallait reconnaître que les terribles leçons du passé avaient été complètement inutiles, qu'on avait renouvelé en deux mois l'affreux désastre des assignats, et que l'État allait être encore ruiné par son propre papier. Aussi les députés ne pouvaient se décider à décréter immédiatement la banqueroute des mandats, en décidant qu'ils seraient pris au cours. Mais les Conseils entrèrent, par la loi du 8 messidor (26 juin), dans la voie que le Directoire leur indiquait. Ils decidèrent que la contribution foncière ne serait plus payée en mandats valeur nominale (ce qui mettait alors l'État en perte de plus de 93 pour cent), mais que pour un franc d'impôt on donnerait le prix de dix livres de blé froment en mandats. Or, on payait généralement, en 1790, la livre de blé froment un franc ; on arrivait donc à faire payer la contribution en mandats au cours de dix pour cent. Il était évident que ce mode de paiement ne pourrait être restreint aux seules contributions et que bientôt le mandat ne serait plus reçu comme monnaie pour sa valeur nominale, mais simplement pour sa valeur réelle. Le 9, ce système fut étendu au paiement des baux à ferme pour les trois quarts : le reste devait être payé en fruits et denrées.

Le 19 messidor, les Conseils prirent une détermination très grave ; pour soustraire à l'agiotage les mandats qui devaient servir au paiement des biens nationaux, il fut décrété que le troisième quart serait payé dans les six jours pour les départements de la Seine, de Seine-et-Oise et Seine-et-Marne, et dans quinze pour les autres départements, sous peine de déchéance : la loi du 28 ventôse permettait à l'acheteur de ne payer la seconde moitié que dans l'espace de trois mois ; on lui enlevait donc partiellement cette faculté parce que l'État avait intérêt à se faire payer le plus vite possible, à cause de la dépréciation de plus en plus rapide du mandat. Et cette disposition devait s'appliquer aux ventes déjà faites. C'était une violation odieuse des engagements pris en vertu d'une loi formelle, mais les révolutionnaires avaient l'habitude invétérée de ne tenir aucun compte des engagements qui les gênaient. Ils avaient cru qu' les acquéreurs étant pris à l'improviste, et obligés de se procurer immédiatement des mandats pour se libérer, leur papier-monnaie allait remonter sensiblement. En effet, au premier mo-ment il y avait eu une hausse légère : le mandat de cent francs en avait valu huit, au lieu de sept, mais il baissa bien vite. Du reste, l'on signala d'odieux tripotages faits par des fournisseurs bien connus avec la complicité des agents du pouvoir, dans le but de faire baisser les mandats afin de s'en procurer une quantité à bon compte. La loi du 29 messidor supprima l'obligation, imposée par celle du 15 germinal, de payer en mandats ce qui devait l'être en espèces. La loi du 19 messidor avait jeté le trouble parmi les acheteurs de biens nationaux, on prit bientôt contre eux un parti beaucoup plus radical. Le 7 thermidor, les Cinq-Cents décidèrent que la nation étant *lésée* par la dépréciation des mandats depuis les premières soumissions de biens nationaux, le dernier quart à payer serait acquitté en mandats *au cours*, qui sera déclaré tous les jours à la trésorerie. Le Directoire proclamera le terme moyen des cinq jours précédents et s'adressera à chaque département. Le dernier quart sera acquitté dans l'espace de seize mois, en six paiements égaux avec intérêts, sinon les soumissionnaires seront déchus et on leur rendra les mandats qu'ils auront précédemment donnés.

Lebrun, dans son rapport aux Anciens, reconnut que d'après l'opinion publique au moment de la loi du 28 ventôse, un bien patrimonial valait le quart de ce qu'il avait été vendu en 1790 ; un bien national de première origine, le huitième ; un bien d'émigré, le douzième. Il ne contesta point la réalité de ces évaluations, tout en déclarant que la nation « ne peut avouer ses nuances. » Pour justifier la résolution, il soutint que personne au Corps législatif n'avait prévu l'horrible dépréciation des mandats, que le prix payé n'était plus maintenant le véritable prix convenu, et que par conséquent il y avait lésion au préjudice de l'État.

Durand-Maillane constata qu'il y avait eu de grands abus dans les adjudications précédentes [1], mais que les soumissionnaires actuels étaient traités bien durement. Lafond-Ladebat rappela qu'il avait inutilement combattu la création des mandats, et que les événements n'avaient que trop justifié ses appréhensions. Il déclara que la nouvelle résolution blessait la justice. « Vous avez payé les créanciers de l'État avec des mandats valeur nominale; ces créanciers ont acquis des biens nationaux pour sauver les débris de leur fortune : pouvez-vous sans injustice les forcer à payer le dernier quart au cours, c'est-à-dire exiger aujourd'hui pour ce dernier quart les valeurs que vous leur avez données pour des écus, au vingt-cinquième seulement de la valeur de ces mêmes écus? Ainsi le créancier de l'État auquel il était dû 700,000 livres et que vous avez payé avec 700.000 livres de mandats, s'il a soumissionné un bien de 100,000 livres, a déjà payé pour les trois quarts 75,000 livres. Les 25,000 livres qu'il doit absorberont, si vous adoptez cette résolution, les 625,000 restantes, car ces 625,000, à 4 fr. le cent, ne représentent que 25,000 livres. Ainsi, pour 700,000 livres écus que le gouvernement lui devait, il n'aura qu'un bien de 100,000 livres valeur de 1790, valant aujourd'hui 30 à 40,000 livres [2]. »

Mais, d'un autre côté, le fournisseur, qui gagnait déjà sur ses marchés quinze ou vingt pour cent, a eu soin de se faire payer par l'État, en mandats au cours, et il s'en est servi pour acquérir des biens nationaux à vil prix. La lésion est réelle lorsque les ventes sont faites à des spéculateurs qui ont payé avec les mandats acquis au cours, mais il n'y a aucune lésion lorsque

---

[1] « Dans certains départements, les adjudicataires se sont partagé et les biens nationaux et les plus beaux domaines de France, comme des voleurs se partagent un butin dans les forêts » Ces acquisitions sont inviolables.

[2] *Débats et décrets*, thermidor an IV, p. 218. Ce créancier ainsi traité subit deux banqueroutes successives.

des créanciers de l'État ont acheté avec des mandats qui leur ont été imposés au pair, et ces créanciers sont bien plus frappés que les spéculateurs : la lésion est produite uniquement par une mauvaise loi de finances. Voilà pour les acquéreurs; mais les soumissionnaires, déclarés déchus, peut-on dire qu'ils seront remboursés, puisqu'on leur rend des mandats absolument avilis? Cette mesure était essentiellement injuste, et Lafon-Ladebat établit qu'elle devait encore faire baisser le mandat. Mais les Anciens n'eurent pas le courage de repousser cet expédient, à la fois malhonnête et malhabile, qui constituait une véritable banqueroute, et cette banqueroute était décrétée avec un cynisme effrayant, non pas comme celle de l'assignat, après plusieurs années de luttes, de convulsions, de désastres, mais par le même gouvernement qui avait créé les mandats avec tant de charlatanisme. Moins de cinq mois après leur émission (le 13 thermidor, 31 juillet), il réduisait à quatre livres, à trois livres, l'obligation nationale qu'il avait imposée pour cent livres à ses créanciers, et il ne s'était passé rien de grave pendant ce laps de temps.

Le cours des mandats de cent livres, du 10 au 15 thermidor, fut fixé à deux livres dix-sept sous; du 15 au 20, à deux livres neuf sous neuf deniers.

Les mandats comme les assignats avaient jeté partout le trouble et la ruine; les paiements, si imprudemment décrétés en mandats, aboutissaient aux résultats les plus singuliers et les plus désastreux. Le Directoire ne cessait de crier misère dans ses messages. Ainsi, le 29 thermidor (16 août), il écrivait aux Cinq-Cents : « Vous connaissez la situation du trésor national : la chose publique est en danger : si vous ne venez promptement à son secours, elle est perdue; » et il osait demander la création d'un nouveau papier-monnaie [1]. Ces pauvres esprits voulaient faire vivre l'État au jour le jour, avec des assignats, sous des noms différents; et comme ils ne voulaient ni ordre ni économie dans les finances, et n'étaient entourés que d'incapables ou de dilapidateurs qu'il fallait gorger constamment, tout papier-monnaie, créé par eux, devait fatalement devenir la cause d'un nouveau désastre, dans un très court espace de temps.

[1] Arch. nat., AF³, r. 182.

V.

Le Directoire trouva momentanément des ressources dans les contributions énormes levées sur les pays étrangers, mais elles furent bientôt mangées. Les Français étaient censés vivre depuis près d'un an sous le régime constitutionnel, et l'on ne venait pas à bout d'établir un budget; les députés ne recevaient des ministres aucune justification de leurs dépenses, aucun état régulier; ils étaient invités seulement à donner d'urgence de l'argent pour sauver la patrie, et obligés de recommencer toujours à la sauver de cette manière, sans jamais recevoir d'explications sérieuses; à chaque instant ils apprenaient que les fonds par eux votés avaient reçu une autre destination; aussi, malgré leurs sympathies révolutionnaires pour le Directoire, leur était-il parfois bien difficile de dissimuler leurs inquiétudes et leur mécontentement. Le Directoire préparait alors une descente en Angleterre, dans l'espoir d'abattre son plus redoutable ennemi, et de rapporter un immense butin. Mais en attendant que les richesses de Londres fussent transportées à Paris, les fonctionnaires les plus utiles n'étaient pas payés, les rentiers et les pensionnaires de l'État étaient dans la plus affreuse misère. La loi du 5e jour complémentaire (21 septembre) décida que l'État paierait aux rentiers et pensionnaires un quart en numéraire [1]; les trois autres quarts seraient acquittés de la manière et aux époques qui seraient établies par de nouvelles lois; une autre loi du 4 brumaire an V (25 octobre) accorda aux fonctionnaires et employés la moitié de leur traitement en blé, et l'autre moitié en mandats réduits en numéraire sur le cours de six francs espèces pour le mandat de cent francs valeur nominale. Le véritable cours était alors très inférieur à six francs. Enfin la loi du 2 nivôse (22 décembre) promit de leur payer leur traitement entier en numéraire, mais provisoirement ils ne

---

[1] « Le quart, s'écriait le rapporteur Camus, quelle faible portion pour des créanciers légitimes *à qui vous ne délivrez depuis deux ans que des papiers sans valeur*, et peut-être encore demandera-t-on s'il est bien assuré que ces fonds puissent être exactement fournis. » (*Débats et décrets*, fructidor an IV, p. 488.)

devaient être payés que sur les fonds assignés, et ces fonds n'étaient jamais suffisants.

Avant la disparition définitive des mandats, le Directoire avait créé encore un nouveau papier; il avait adopté le système ruineux des anticipations sur des rentrées d'impôts qui n'étaient nullement assurées, et émis, sans aucune autorisation des Conseils, quantité de bons qui subissaient une forte dépréciation [1]. Il fut bientôt à bout d'expédients. Le 20 frimaire an V (10 décembre 1796), il envoyait aux Cinq-Cents un message dans lequel il leur déclarait, avec une véracité très extraordinaire chez lui, que la situation du pays était presque désespérée, faute d'argent.

« .... Toutes les parties du service, vous le savez, sont en souffrance : la solde des troupes est arriérée; les défenseurs de la patrie sont livrés aux horreurs de la nudité; leur courage est énervé par le sentiment douloureux de leurs besoins; le dégoût, qui en est la suite, entraine la désertion; les hôpitaux manquent de fournitures, de feu, de médicaments; les établissements de bienfaisance, en proie au même dénuement, repoussent l'indigent et l'infirme, dont ils étaient la seule ressource; les créanciers de l'État, les entrepreneurs qui, chaque jour, contribuent à fournir aux besoins des armées, n'arrachent que de faibles parcelles des sommes qui leur sont dues. Leur détresse écarte les hommes qui pourraient faire les mêmes services avec plus d'exactitude, ou à de moindres bénéfices. Les routes sont bouleversées, les communications interrompues, les fonctionnaires publics sont sans salaire; d'un bout à l'autre de la république, on voit les juges, les administrateurs réduits à l'horrible alternative, ou de trainer dans la misère leur existence et celle de leur famille, ou de se déshonorer en se vendant à l'intrigue [2]. Partout la malveillance s'agite; dans bien des lieux, l'assassinat s'organise, et la police sans activité, sans force parce qu'elle

---

[1] Par deux arrêtés du 27 thermidor et du 27 fructidor an IV, il créa pour vingt-cinq millions de ces bons, à soixante jours de date sur les payeurs des départements. Ces bons, fort inexactement payés, passaient de main en main et perdaient énormément. En germinal an V, il en existait près de trente millions.

[2] Dans un message du 29 pluviôse (17 février), le Directoire annonce « que frappé de l'inaction de la majeure partie des tribunaux, il en a recherché les causes et constate que non seulement les magistrats ne sont pas payés, mais

est dénuée de moyens pécuniaires, ne peut arrêter ces désordres. »

Le Directoire demande que chaque acquéreur de biens nationaux, en vertu de la loi du 28 ventôse, soit tenu de fournir, dans le délai d'une décade, pour tout ce dont il est encore redevable, des obligations payables en numéraire à chacune de ses échéances. Il affirme hypocritement que « c'est préparer les moyens de forcer l'ennemi à recevoir cette paix qui lui est offerte, » mais qu'il s'applique à rendre inacceptable.

L'exposé de la situation de la France n'était malheureusement que trop vrai, et les gouvernants avaient bien souvent traité les journalistes modérés de calomniateurs, de vils folliculaires stipendiés par Louis XVIII et par l'Angleterre, pour des articles bien moins pessimistes ; mais ils ne cessaient de mentir que lorsqu'ils avaient intérêt à exploiter la vérité. Après deux séances secrètes, le Conseil, ne se trouvant pas suffisamment éclairé, ajourna la discussion sur les propositions du gouvernement. Le Directoire, qui avait cru jeter l'alarme parmi les députés au moyen de ce message, et enlever le vote immédiatement, fut très piqué de cet ajournement et s'empressa de faire imprimer le fameux message dans son journal officieux, le *Rédacteur*. La publication de cette pièce causa une vive émotion. Beaucoup de députés en furent indignés, car le Directoire avait divulgué ce message si alarmant dans l'intention perfide de faire retomber la responsabilité de cette situation sur le Corps législatif, dont le public pourrait blâmer l'inaction apparente. On essaya vainement d'atténuer un peu la déplorable impression produite par cet exposé véridique. Il fut bientôt prouvé que les contributions ne rentraient pas et que les rentiers ne toucheraient point ce qui leur avait été solennellement promis.

Mais le Directoire ne disait pas qu'il ne cessait lui-même d'épuiser le trésor en faisant des traités désastreux avec quantité de spéculateurs et de fournisseurs. Les ressources de la Belgique furent presque entièrement livrées par lui aux four-

qu'en outre ils ne reçoivent aucune indemnité pour les déplacements indispensables, et qu'il n'y a même pas d'argent pour les menues dépenses des tribunaux. Le Directoire « a été informé que beaucoup d'entre eux s'étaient vus forcés d'interrompre le service *parce qu'ils manquaient de bois et de lumière.* » (Arch. nat., AF³, r. 186.)

nisseurs. Les coupes des forêts nationales, dans un grand nombre de départements [1], leur étaient assignées par avance comme paiement, ou cédées en bloc à un spéculateur qui s'engageait avec eux, et les payait ; des fournisseurs pressés d'argent avaient recours à un intermédiaire très en faveur qui leur soldait leurs ordonnances moyennant une énorme remise dépassant souvent quarante pour cent ; ensuite, d'après les conventions qu'il avait faites, il se faisait rembourser de la totalité par le trésor.

Un de ces traités devait occasionner un grand scandale. Le 18 frimaire, le ministre des finances conclut, avec la compagnie Dijon, un traité ratifié le 21 par le Directoire, d'après lequel cette compagnie devait verser au Directoire deux millions cinq cent mille livres en numéraire, sans commission ni intérêts, contre des mandats au cours moyen de la place de Paris, du jour du prêt. Il ne s'agissait pas cette fois de fournitures, mais d'une vaste opération d'agiotage sur les mandats avec la complicité du gouvernement. La compagnie fut autorisée d'abord à prendre cent millions de mandats dans six caisses de receveurs de départements, et ensuite dans quarante-six, mais en réalité, elle se fit délivrer pour six cent soixante et un millions de livres de mandats, et les agents du trésor remirent ainsi en circulation une masse considérable de mandats qui devaient en être retirés et annulés d'après la loi ; car on voulait faire baisser encore le mandat pour permettre à des fournisseurs privilégiés d'en acheter à des cours très bas, afin de payer ainsi leurs acquisitions de biens nationaux. Certains des fournisseurs exploités par la compagnie Dijon dénoncèrent ses opérations, et la découverte d'un faux récépissé, par lequel elle était censée avoir rendu soixante millions de mandats, fit grand scandale. Elle affirma dans des mémoires qu'elle avait toujours été d'accord avec le gouvernement, et qu'elle n'avait été autorisée à puiser les mandats dans les caisses de ses receveurs que pour jouer à la baisse et déprécier les mandats systématiquement : ces assertions paraissaient assez justifiées. La spéculation fut profitable à la compagnie, à certains receveurs ses complices et à quelques

---

[1] Un marché cède les coupes de onze départements ; un autre celles de dix-sept. (Arch. nat., AF³, r. 183.)

agioteurs, mais non à l'Etat, car la compagnie ne tint point ses engagements. Dans son rapport du 5 germinal an V sur la trésorerie [1], Camus déclara que cette opération avait coûté à l'État trois millions soixante-seize mille six cent cinq francs, dont cette compagnie avait exclusivement bénéficié.

Les marchés avec les fournisseurs et les intermédiaires de toute espèce étaient nombreux et très compliqués et aboutissaient presque toujours à un affreux gaspillage. Les fournisseurs, pour conclure une affaire, étaient obligés de donner des pots-de-vin à une foule de gens, depuis les employés les plus humbles jusqu'aux personnages les plus élevés en dignité, et pour la continuer il leur fallait faire encore d'innombrables cadeaux, et souvent donner une part du gâteau à d'autres spéculateurs qui étaient eux-mêmes les associés ou les prête-noms de hauts fonctionnaires, ou de personnages politiques. Les fournisseurs volaient le trésor, mais les gouvernants les volaient eux-mêmes, soit directement, soit par leurs agents : on remettait une ordonnance de paiement à un fournisseur sur la caisse d'un receveur de province, celui-ci déclarait n'avoir pas assez d'argent, le fournisseur entrait en négociation avec lui et consentait à trente ou quarante pour cent de perte. Le gouvernement donnait mandat sur la même caisse à plusieurs fournisseurs, et celui-là seul était payé qui faisait la remise la plus forte. On devine à qui la différence profitait. Mais les conditions de ces marchés étaient faites en prévision de ces escroqueries, et les fournisseurs se rattrapaient aux dépens des contribuables ; aussi, comme le

[1] Cette honteuse affaire fut portée aux Cinq-Cents et donna lieu à quelques séances très curieuses. Dans son rapport du 5 germinal, lu en séance secrète, imprimé seulement à quelques exemplaires, et par conséquent très peu connu, Camus rend compte, avec beaucoup de soin et de modération, de nombreux marchés faits par le Directoire, et constate presque toujours qu'ils ont mis les finances en perte. Pour l'un d'eux, qui contient en faveur d'un fournisseur des avantages qu'il ne s'explique pas, il ne peut s'empêcher de dire ironiquement : « Il faut qu'on ait d'immenses services à récompenser. » Il donne des renseignements curieux : on perdait énormément d'argent à acheter du numéraire. Depuis l'installation du Directoire jusqu'à germinal an V, il avait été, en dix-sept mois, dépensé 715,923,890 francs (et la plupart des rentiers et des fonctionnaires n'avaient pas reçu leur dû), et sur cette somme, *cent dix-huit millions* avaient été engloutis en négociations ruineuses. Évidemment les frais d'achat de numéraire, de change, etc., bien qu'ils fussent à cette époque extraordinairement élevés, n'avaient pu absorber une pareille somme : ces chiffres trahissaient d'énormes dilapidations.

disait si bien le message du 20 frimaire, ni les rentiers, ni les fonctionnaires les plus utiles, ni les juges, ni les gendarmes n'étaient payés ; les chemins, faute d'argent, devenaient des fondrières, mais beaucoup de gens s'enrichissaient, étalaient à Paris le luxe le plus effréné, et trouvaient que la république était le plus délicieux gouvernement qu'on pût rêver : aussi traitaient-ils de mauvais citoyen l'honnête homme affamé qui leur présentait une triste figure!

Le Directoire ne cesse de demander au Corps législatif des ressources nouvelles, de lui rappeler qu'il a promis de créer ou d'augmenter certains revenus et qu'il ne s'en est pas occupé. Cette majorité républicaine est accusée implicitement, par le Directoire, de rester dans une inertie coupable. Bientôt il prétendra justifier par des accusations moins précises son coup d'État du 18 fructidor contre la majorité devenue modérée.

Le Corps législatif donna satisfaction au Directoire en décidant sur sa demande, le 16 pluviôse (4 février 1797), que les acquéreurs de biens nationaux, en vertu de la loi du 28 ventôse, ne pourraient plus s'acquitter qu'en numéraire, et qu'ils devraient souscrire, pour chaque sixième du prix, des obligations portant intérêt, qui devaient servir à payer les compagnies avec lesquelles le ministre de la guerre traiterait. Mais on prit le même jour une décision encore plus grave. Les mandats devaient cesser d'avoir cours forcé de monnaie à partir de la publication de la loi [1]. Ils seraient reçus seulement jusqu'au 1er germinal dans les caisses publiques, en paiement des contributions arriérées, de l'emprunt forcé, d'une petite partie du prix des biens nationaux, sur le prix du cours du 10 pluviôse, c'est-à-dire un franc pour cent francs; ainsi les engagements contractés par l'État envers les acquéreurs étaient ouvertement violés.

Les assignats avaient été remplacés au trentième par des mandats perdant définitivement 99 sur 100. Ainsi une créance primitive de trois mille livres, réduite à cent livres de mandats, ne valait plus qu'un franc! Les mandats étaient tombés comme

---

[1] « Considérant que la faible valeur des mandats qui restent dans la circulation les rend inutiles aux transactions entre les citoyens; que cependant ils favorisent des spéculations nuisibles aux intérêts de la trésorerie, etc. »

les assignats, et bien plus vite encore. Par leur moyen, l'État était censé avoir payé ses créanciers, tout en leur faisant une véritable banqueroute, et une banqueroute frauduleuse [1]. En outre, il avait gaspillé au profit de certains porteurs de mandats cette réserve de biens nationaux qu'on prétendait inépuisable; et il ne lui restait plus guère que les biens nationaux de Belgique, qui furent ensuite odieusement dilapidés.

VI.

Les révolutionnaires avaient été complètement battus par les modérés aux élections de l'an V. La majorité nouvelle travailla immédiatement à pacifier les esprits, en établissant la liberté religieuse, et à relever la prospérité matérielle du pays. Entre le 1er prairial et le 18 fructidor, on assiste à un curieux spectacle. Le gouvernement s'évertue à soutenir qu'il y a déficit, et l'opposition lui répond avec fermeté qu'en procédant avec ordre et économie le budget peut et doit être équilibré. Le Directoire se donne beaucoup de mal pour proclamer l'existence d'un déficit bien plus grand qu'il n'est en réalité, afin de contraindre les députés à surcharger les contribuables épuisés, à lui accorder de nouvelles ressources qu'il entend bien gaspiller encore; il tend la main impérieusement pour recevoir des fonds qu'il compte bien employer à enrichir sa coterie, à soudoyer les révolutionnaires de l'intérieur et de l'extérieur. Autant le Directoire a exalté jadis avec une ridicule emphase les ressources inépuisables de la république, en traitant de calomniateurs, de vils stipendiés de l'Angleterre,

----

[1] Aux Anciens, Lafon-Ladebat dénonça les tripotages auxquels l'opinion publique attribuait, non sans raison, la chute si prompte des mandats. « Si ce sont les opérations du gouvernement qui ont précipité ce discrédit, si, comme on le prétend, les mandats même consignés ont été jetés sur la place pour en dégrader le cours, si des associations particulières ont fondé leurs bénéfices sur cette dégradation, devez-vous sacrifier les porteurs de mandats, qui ont eu confiance dans la loyauté nationale? » (*Débats et décrets*, pluviôse an V, p. 299.) Tout cela fut établi de la manière la plus claire, lorsque l'affaire de la compagnie Dijon fut portée à la tribune.

La loi du 30 pluviôse autorisa les fournisseurs à payer la première moitié du prix des biens nationaux achetés par eux avec leurs ordonnances de paiement délivrées par les ministres, et facilita ainsi une foule de tripotages.

ceux qui manifestaient de simples appréhensions sur la situation financière, autant il se lamente, depuis l'arrivée du nouveau tiers, sur la déplorable insuffisance des recouvrements, sur la misère générale, et se plait à étaler des plaies hideuses après en avoir longtemps nié l'existence et soutenu ensuite qu'il était incivique d'y faire la moindre allusion. A l'entendre, le patriotisme ordonne au Corps législatif de soulager immédiatement des misères aussi grandes, en lui donnant beaucoup d'argent. Mais la majorité modérée, soupçonnant avec trop de raison que l'argent sera gaspillé sans que ces misères soient soulagées, répond qu'il faut avant tout écarter les dilapidateurs et les concussionnaires, évaluer soigneusement les dépenses, surtout employer les fonds votés à leur destination, ne pas conclure de marchés désastreux et usuraires, ni manger son blé en herbe par de malencontreuses anticipations ; en un mot, établir nettement la situation : on verrait ensuite s'il est absolument nécessaire d'imposer des charges nouvelles aux contribuables, déjà si obérés.

Le Directoire et sa bande tiennent à la continuation du gâchis financier, parce qu'il leur profite et qu'il fait durer le gâchis politique. Ils font à la fois de mauvaise politique, de mauvaises finances et de très bonnes affaires pour eux-mêmes ; le devoir de la majorité est donc tout tracé. Depuis son installation, le Directoire veut, dans les questions financières comme dans les questions religieuses, comme dans les questions de politique extérieure, agir non en Directoire constitutionnel, mais en comité de salut public. On dit généralement que dans tous pays soumis au régime parlementaire, le Corps législatif tient les cordons de la bourse et se trouve ainsi le maître de la politique, et tous ceux qui se disent libéraux trouvent que c'est fort bien. Au contraire, le Directoire ne cessait d'agir en dehors du Corps législatif, même lorsque la majorité était républicaine ; il daignait seulement, lorsqu'il avait fait en dehors de lui les actes les plus graves, lui envoyer un message pour demander impérieusement de l'argent. « Le Corps législatif, disait très justement Gibert des Molières, n'est instruit de la pénurie du trésor que la veille ou la surveille du jour où les fonds manquent...., » et cette pénurie était le plus souvent imputable au Directoire. « Tous les fonds sont consommés par anticipation, et l'on vient

dans des messages vous annoncer la pénurie du trésor public,
vous imputer de n'y avoir pas pourvu! Vous paraissez jouer le
rôle de ces intendánts des ci-devant grands seigneurs, qui devaient fournir de l'argent pour toutes les fantaisies. » L'on
vous demande des moyens de ressource du jour au lendemain,
lorsqu'on a desséché d'avance les canaux de la circulation [1]. »

Le rétablissement des finances devait faire rentrer le Directoire dans ses attributions constitutionnelles.

Aussi les Directeurs, soutenus par les révolutionnaires et par
la foule des pêcheurs en eau trouble, répétaient sans cesse que
la majorité nouvelle refusait systématiquement, par haine pour
la république, de leur fournir les ressources nécessaires; ils
étaient bien décidés à faire un coup d'État contre ces financiers
trop fermes et trop investigateurs. De son côté, la majorité nouvelle, justement persuadée que le rétablissement des finances était
énergiquement réclamé par ses commettants, ne voulait voter de
charges nouvelles qu'à bon escient. Aussi, quand bien même
la maison de Bourbon et la maison d'Orléans auraient été toutes
deux éteintes, et tout le monde d'accord, en principe, sur la
république, la question financière et la question de la liberté
religieuse auraient suffi pour amener une crise qui ne pouvait
être dénouée que par la soumission du Directoire et de sa
coterie à la volonté des électeurs ou par un nouveau 31 mai!

Le coup d'État du 18 fructidor rendit le pouvoir aux incapables et aux dilapidateurs. Ils envoyèrent à la guillotine sèche
ces modérés qui avaient réclamé l'ordre dans les finances, étalé
si souvent à la tribune les preuves de leur incapacité, et flétri
leurs marchés honteux. Grâce à la proscription du 19 fructidor,
ils restaient simplement en présence de complices et de cra-
pauds du marais. Le coup d'État de fructidor ne devait pas
seulement anéantir la liberté politique, la liberté religieuse, la
liberté de la presse, mais achever la ruine des finances et du
crédit de la France.

Les triumvirs ne perdirent pas un moment pour demander à
leur parlement épuré d'écraser encore les contribuables, et de
mettre les finances à leur discrétion. Le lendemain du coup
d'État militaire, lorsque les Cinq-Cents sont occupés à parfaire

[1] *Débats et décrets*, prairial an V, p. 98-102, 494.

le coup d'État politique, le Directoire leur envoie un message dans lequel il reconnait que « la plaie la plus invétérée, la plus mortelle de l'État, est l'embarras des finances, » il ose en rendre les proscrits responsables; mais aujourd'hui que « les entraves sont brisées, » il adjure les Conseils de s'occuper sans délai des finances, autrement « on ne pourra pas croire à la république » et la France ne sera pas sûrement sauvée. Il demande aux députés de tracer de grands principes financiers, et de lui abandonner complètement la partie réglementaire. Il propose de nouveaux accroissements de charges, et voudrait voir « *mobiliser toute la dette publique* déjà reconnue ou encore à liquider, et l'admettre en paiement des biens nationaux. » Ceci laissait pressentir une grande opération révolutionnaire, c'est-à-dire un nouveau désastre.

Le 24 fructidor, Villers présenta un rapport au nom de la commission des finances. Le Directoire estimait que les dépenses de l'an VI devaient monter à six cent vingt-trois millions ; la commission les réduisait à six cent seize [1].

Elle n'avait pas adopté le projet du Directoire qui convertissait la dette publique en effets au porteur, mais après s'être entendue avec lui, elle proposait d'en rembourser les deux tiers et de faire payer exactement l'autre tiers, à partir du second semestre de l'an V. Comme il était impossible de faire le moindre remboursement sérieux, il s'agissait tout simplement d'une banqueroute! Les partisans du Directoire, pour forcer la main aux Anciens, décidèrent que ce projet, qui traitait de choses très différentes, ne serait pas divisé en plusieurs résolutions, mais voté en bloc. Le 29 fructidor, Belz combattit énergiquement cette proposition de banqueroute, au nom de la morale immuable, et rappela le décret par lequel la Constituante avait mis la dette publique sous la garde de la loyauté française. Mais l'on soutint audacieusemement que la mesure était juste [2], et les Cinq-

---

[1] Elles étaient fixées en bloc, à cause de l'immensité des arriérés qui ne permettait point de distinguer entre le budget ordinaire et le budget extraordinaire. Une partie importante des ressources annoncées devait être procurée par des lois qui n'étaient pas encore faites.

[2] Le rapporteur Villers osa dire : « Combien l'Angleterre désirerait avoir vos ressources pour liquider une partie de sa dette! » Et pourtant il conclut à la banqueroute en ajoutant impudemment : « Vous donnez des valeurs réelles pour les deux tiers. » (*Débats et décrets*, fructidor an V, 2ᵉ partie, p. 216.)

Cents la votèrent le 3º jour complémentaire (19 septembre). Les Anciens, plus éclairés et plus circonspects, avaient beaucoup de répugnance à ratifier immédiatement cette résolution. Le Directoire l'avait fait voter par les Cinq-Cents, presque sans délibération : il voulait profiter de la terreur produite par l'épuration des Conseils, la proscription des députés et des journalistes qui avaient combattu ses agissements financiers, pour frapper un grand coup et en finir (il l'espérait du moins) avec la question des finances, comme il croyait en avoir fini avec la question de gouvernement. Si l'on traînait quelque temps, l'impression produite par le coup d'État s'affaiblirait peu à peu, et bien des gens qui n'étaient point hostiles à la politique du Directoire, mais qui s'effrayaient des impôts nouveaux et de la banqueroute, pourraient s'aviser d'abord de blâmer timidement ces mesures, puis s'enhardir petit à petit. Le Directoire voulait que ce véritable coup d'État financier suivît de très près son coup d'État politique et en parût le complément nécessaire, et, dans ce but, il n'entendait pas laisser aux Anciens le temps de la réflexion. Inquiet de leur silence, il les supplia, le 5 vendémiaire (26 septembre), par un long message, de voter tout au plus vite. « *Un long délai*, disait-il, s'est écoulé sans qu'il ait été pris un parti définitif pour faire cesser les maux, il ne faut plus dire qui nous menacent, mais qui entraînent toutes les parties du gouvernement vers leur dissolution. *Les délais se prolongent* [1], le mal empire, » et il a l'impudence de soutenir qu'il faut voter au plus vite la résolution dans l'intérêt des rentiers ! Puis il dépeint la triste situation de la France, et répète à peu près son fameux message du 20 frimaire. Le Directoire avait déjà étalé toutes ces misères pour faire voter l'emprunt forcé, puis les mandats territoriaux. Il avait déjà soutenu successivement, avec le même aplomb, qu'il suffisait de voter au plus vite ce qu'il proposait pour rétablir les finances, et l'on retombait régulièrement dans la même pénurie, et le Directoire revenait toujours redemander aux Anciens de voter des mesures de plus en plus téméraires, tout en persistant à leur promettre monts et merveilles. Mais cette fois, il ne s'agissait plus pour les Anciens d'accepter un expédient plus ou moins hasardé ; on leur deman-

---

[1] Dix jours à peine

dait de voter à l'instant même une mesure qui devait nécessairement marquer dans l'histoire de la Révolution, et pourrait soulever contre ses auteurs le plus terrible mécontentement. Ce Conseil épuré n'avait ni assez d'indépendance ni assez d'énergie pour tenir tête au Directoire, et cependant il était effrayé de la responsabilité qu'il allait assumer. Il décida que le rapport serait présenté dans deux jours. Crétet en donna lecture à la séance du 8 vendémiaire (29 septembre). Il montra que le dernier titre de la résolution, qui contenait des dispositions sur la dette publique, aurait dû être présenté séparément et non avec le budget de l'an VI, car il réglait et modifiait non pas pour l'an VI, mais à perpétuité, le paiement de la dette. Il proposa l'adoption des treize premiers titres. Sur le dernier, c'est-à-dire sur la banqueroute, il fit observer « que le Conseil des Anciens va prononcer sur le sort de trois ou quatre cent mille citoyens, et juger entre l'État et eux une question qui jusqu'ici n'a point été agitée chez les législateurs d'un peuple libre. » La commission déclarait que le temps lui avait manqué pour examiner à fond cette question, et qu'elle exposerait seulement les raisons pour et contre.

Dedelay d'Agier proposa un autre mode de réduction; malgré les réclamations des partisans du Directoire, la discussion fut renvoyée au lendemain. Le 9, Vernier défendit la résolution; il fallait, disait-il, prévoir un déficit important sur les recettes, fixées à 616 millions, et l'État ne pourrait jamais payer ses dettes. Baudin soutint que la résolution aurait dû être divisée, et proposa de déjouer la combinaison du Directoire et des Cinq-Cents, en rejetant la résolution; le Directoire la diviserait pour la représenter, et l'on pourrait alors discuter à fond sur la banqueroute.

Mais le Conseil n'avait pas assez d'énergie pour agir ainsi. Rousseau combattit ensuite la résolution comme injuste, inconstitutionnelle et impolitique. C'est, suivant lui, une mesure « dont le plus despote des rois oserait à peine concevoir l'idée. » C'est manquer à la foi publique, violer l'article 358 de la Constitution, qui garantit les propriétés. Il soutint qu'on pouvait encore marcher en payant le tiers aux rentiers au lieu du quart. Plus tard, lorsque la paix sera conclue, si l'on était trop obéré, si tous les biens nationaux étaient absorbés, alors seulement, devant une nécessité évidente, on pourrait offrir aux rentiers ce qu'ils auraient pu acquérir en plaçant leur argent en biens-fonds au lieu de l'employer en rentes, et leur donner seulement un revenu de deux et demi. De cette manière, les droits des créanciers seraient respectés, et l'on ne ferait en ce cas extrême qu'une banqueroute sur le revenu [1].

Clauzel prétendit que les rentiers n'avaient pas lieu de se plaindre de la résolution. « La nation tient ses engagements envers eux en leur cédant ses domaines. Lorsqu'un particulier se trouve dans l'embarras, pour s'acquitter envers ses créanciers, ceux-ci ne s'estiment-ils pas trop heureux qu'il leur cède ses propriétés pour se les partager ou les vendre, et s'en appliquer le produit au marc la livre? Pourquoi la nation n'aurait-elle pas cette faculté [2]? »

Cette assimilation de l'État, banqueroutier par suite de fautes graves, à un particulier qui fait cession de biens à ses créanciers, a obtenu un grand succès auprès des révolutionnaires, qui l'ont reproduite souvent avec une singulière assurance pour justifier la banqueroute du 9 vendémiaire an VI. Et pourtant il est difficile d'entasser en peu de mots une plus grande quantité d'impudentes faussetés. D'abord, les créanciers n'étaient point libres, et l'on ne faisait pas une cession de biens sérieuse ; les bons des deux tiers n'étaient qu'une odieuse mystification ; ils sont tombés d'abord à deux et demi pour cent, puis à un. Ensuite il faut rayer avec une singulière effronterie la terrible histoire de la Révolution, depuis 1789 jusqu'à octobre 1797, pour assimiler l'État à un débiteur ordinaire. Est-ce que, depuis la Révolution, l'État n'avait pas, sous les peines les plus terribles, imposé une foule d'exactions à ses créanciers? Est-ce qu'il n'était pas venu les contraindre à échanger leur argent contre ses assignats en les menaçant de la guillotine? L'État s'était ruiné par une série d'actes de prodigalité, de violence, de ty-

---

[1] « On leur dirait : Vous avez placé librement sur la nation des fonds que vous pouviez employer en acquisitions de propriétés territoriales. Vous avez préféré les confier à un gouvernement *dévorateur*, qui vous offrait dans ce placement un revenu double de celui que vous eût procuré l'achat d'un bien rural ; aujourd'hui, la nation, hors d'état de tenir avec vous des engagements qui entraîneraient sa ruine et la vôtre, vous offre le même sort que vous auriez pu vous faire en acquérant des fonds territoriaux. »

[2] *Débats et décrets*, vendémiaire an VI, p. 50.

rannie, dont ses créanciers avaient été les premières victimes ; ce débiteur avait longtemps pressuré, opprimé ses créanciers sans défense contre lui, et il venait avec désinvolture les proclamer trop heureux de le voir, quand tout était dissipé, jouer encore l'indigne comédie d'une prétendue cession de biens qu'ils n'étaient pas libres de refuser ni de surveiller, et leur jeter avec mépris de la monnaie de singe !

Delzons fit ressortir tout l'odieux de cette banqueroute. L'État abusait de sa force et de la faiblesse de ses créanciers, violait à la fois le droit public et le droit privé, « plus coupable dès lors que le banquier frauduleux qu'il doit punir, et que le brigand à main armée dont il doit purger l'État. » Comment la nation française, qui a confisqué les biens du clergé, les domaines royaux, les biens des universités, des collèges, ceux des émigrés, etc., etc., qui a disposé de richesses incalculables, pourrait-elle se résoudre à une faillite honteuse ; car pour les deux tiers, on donne seulement des bons qui ne peuvent être employés qu'en domaines nationaux, et à condition d'en payer la moitié en écus. « Mais avant de proposer cette loi, a-t-on calculé s'il existe assez de domaines nationaux pour payer une partie de ces biens plus de trois milliards en capitaux ; ou, pour mieux dire, qui de nous ignore qu'il n'en existe pas de disponibles dans cette partie du continent ? » Et l'on offre en plus des terres incultes dans la Guyane, à Saint-Domingue, qu'on serait trop heureux de livrer pour rien à des colons qui voudraient les accepter ; c'est ajouter la dérision à l'injustice ! Est-ce que les petits rentiers peuvent acheter ces biens, en payer la moitié en numéraire, les exploiter ? On dira : qu'ils vendent leurs bons. On les livrera donc sans défense à l'agiotage. Au moment actuel, le peu d'inscriptions qui sont en circulation perdent plus de 90 pour 100.

Mais les modérés relatifs n'osaient pas entrer en lutte avec le Directoire. La résolution fut donc adoptée par les Anciens le 9 vendémiaire an VI (30 septembre 1797), et la banqueroute décrétée en ces termes : « Article 98. — Chaque inscription au grand-livre de la dette publique, *tant perpétuelle que viagère, liquidée ou à liquider*, sera remboursée pour les deux tiers de la manière établie ci-après ; l'autre tiers sera conservé en inscriptions au grand-livre, et payé sur ce pied à partir du deuxième semestre de l'an V. Le tiers de la dette publique, conservé en inscriptions, est déclaré exempt de toute retenue présente et future. »

Le *remboursement* des deux tiers (art. 100 à 103) sera fait en bons au porteur, le capital calculé au denier vingt pour l'inscription perpétuelle, au denier dix pour l'inscription viagère. Ces bons devront être reçus en paiement de la portion des biens nationaux, payable avec la dette publique, c'est-à-dire de la moitié. Tout propriétaire de rente pourra, en achetant un bien national, payer avec le nouveau tiers consolidé la portion du prix jusqu'alors exigible en numéraire et obligations (lois des 16 brumaire et 2 fructidor an V), et le surplus avec des bons de remboursement et d'autres bons semblables. En réalité, le créancier perd les deux tiers, et n'obtient pas même une très légère compensation.

Un mois après la ratification du *dernier traité de paix générale*, le prix des ventes de biens nationaux ne pourra être acquitté qu'avec des bons au porteur (art. 105). C'est renvoyé aux calendes grecques, car on ne comptait plus sur la paix générale depuis le 18 fructidor [1].

Pendant la Révolution, le rentier n'avait été payé que très irrégulièrement et en papier-monnaie de plus en plus déprécié. Lorsque ce papier fut aboli, on supprima de fait les trois quarts des rentes. Enfin la loi du 9 vendémiaire an V supprima définitivement les deux tiers de la créance.

VII.

Précisons maintenant la situation faite au rentier par la banqueroute. On lui payait jusqu'alors les intérêts avec deux sortes de papier : 1° pour le quart qui aurait dû être payé en numéraire, avec des bons admis comme numéraire au paiement des biens nationaux; 2° pour le reste, avec des bons dits des *trois*

---

[1] On ajoute que s'il existe encore dans la circulation des bons de remboursement après l'épuisement complet des biens nationaux, le gouvernement, après la paix, fera vendre « des biens nationaux, *terrains vagues et indéfrichés, qui peuvent exister dans l'île de Saint-Domingue* et autres colonies françaises, » et le prix sera acquitté en bons au porteur. La belle garantie!

quarts. Mais comme il fallait vivre, on vendait ces bons, et ils
étaient tombés fort bas en 1797. Les bons du quart se négociaient
à 60, 70, 75 pour cent de perte, les autres perdaient 80, 90, et
devaient descendre encore plus bas. On annonçait pompeusement
que du moins les rentiers réduits pourraient être payés en numéraire. Il n'en fut rien ; on continua à leur donner du papier-
monnaie. En effet, comment la banqueroute aurait-elle pu augmenter le numéraire existant ? Le tiers consolidé fut coté
d'abord à 80 pour cent de perte, et descendit encore : en thermidor an III, il perdait 92,50 sur cent.

Les bons des deux tiers tombèrent à deux et demi pour cent,
puis à un. Ils furent supprimés sous le Consulat par la loi du
21 mars 1801, qui les échangea contre des rentes perpétuelles
au pied du denier quatre cents du capital nominal ; ainsi l'on
obtint cinq francs de rente pour la valeur nominale de dix mille
francs en bons mobilisés.

En résumé, voici les résultats de la banqueroute. Celui qui
avait trois cents francs de rente en reçut cent en tiers consolidé ; les deux cents autres en bons des deux tiers tombés de
suite à presque rien, et échangés plus tard contre dix francs de
rente. Donc le rentier de 300 francs en perdit 190 : c'était une
banqueroute de 63 francs 34 centimes pour cent. Et cette banqueroute, représentée comme si nécessaire, n'avait pas même
l'excuse d'alléger les charges de l'État. Jusqu'alors il n'avait ni
soldé ni cherché à solder les intérêts de sa dette. Il en avait
seulement donné le quart, mais fictivement, et parfois on ne
touchait que le quart de ce quart ; du moins les droits de ses
créanciers étaient ainsi reconnus. Mais, par la loi du 9 vendémiaire, il prenait l'engagement téméraire de leur donner le
tiers de leur revenu primitif, et ce tiers, il était impossible qu'il
le complétât sans créer beaucoup d'impôts nouveaux. D'ailleurs
ses créanciers ne le recevaient pas intégralement ; le premier
semestre presque entier du tiers consolidé fut rejeté dans l'arriéré, et le 22 floréal an VII, dix-huit mois après la banqueroute,
Crétet déclarait aux Anciens qu'on n'apercevait pas sa prochaine liquidation et leur dépeignait la misère des rentiers. Les
bons donnés en paiement du tiers consolidé subissaient une dépréciation qui allait jusqu'à 25 pour cent.

Dans le rapport sur les dépenses présenté par Fabre le 14 brumaire an VI (4 novembre), le service du tiers consolidé est fixé à 83 millions 333,333 livres 6 sols 8 deniers, la dette publique étant, au 9 thermidor, d'après la trésorerie, de 250 millions, dont 110 pour la rente constituée, 70 pour la dette viagère, 70 pour les pensions. On constate aussi qu'il restait dû : 1° une grande partie (sans chiffres indiqués) des semestres de l'an V; 2° un reliquat important sur le dernier semestre de l'an IV, et 3° sur le premier 46 millions en mandats, plus 203 millions en assignats sur les années antérieures; ces articles ne pouvaient être évalués que d'après l'échelle de dépréciation. On voit comment les rentiers et pensionnés étaient payés avant la banqueroute. Après il en fut de même. Ils ne reçurent du numéraire que sous le Consulat.

La banqueroute du 9 vendémiaire ne releva nullement les finances, ne soulagea même point le budget de l'année courante. Le mois suivant, Barailon, révolutionnaire exalté, disait à la tribune, au sujet du rapport, optimiste pourtant, du 14 brumaire : « Les finances de la république *sont le tonneau des Danaïdes,* » et faisait de sinistres prédictions qui ne tardèrent pas à se réaliser. Les fonctionnaires, les magistrats, ne furent pas mieux payés qu'avant la banqueroute. Le Directoire en prit à son aise avec les rentiers réduits. Le 21 thermidor an VI, Bailleul constatait dans un rapport qu'une promesse formelle faite aux victimes de la banqueroute n'avait pas été tenue; l'article 110 de la loi du 9 vendémiaire, qui affectait solennellement les produits de l'enregistrement au paiement des rentes et pensions maintenues, n'était pas observé. Bientôt une plus forte atteinte sera portée aux droits des créanciers de l'État : les biens nationaux qui restent sont leur gage, mais la loi du 26 vendémiaire an VII décide qu'il en sera vendu pour 125 millions afin d'équiper les conscrits.

Le Directoire essaya d'abord de trouver de l'argent, en faisant voter, le 16 nivôse (5 janvier 1798), un emprunt patriotique destiné à payer les frais d'une descente en Angleterre. Il était de quatre-vingts millions, avec primes garanties sur le butin qu'on ferait en Angleterre « après l'infaillible succès des armes de la république. » Il aboutit à un résultat absolument ridicule. Désormais le Directoire, pressé d'argent, adressera à ses complices de fructidor les mêmes reproches de lenteur et de négli-

gence qu'à l'ancienne majorité fructidorisée, et beaucoup de
députés fructidoriens, après avoir si bruyamment accusé leurs
victimes de refuser systématiquement au Directoire les ressources nécessaires, se sentiront responsables et hésiteront à
aggraver les charges des contribuables.

Le Directoire, après la banqueroute, tira beaucoup d'argent
des républiques romaine et cisalpine, et quelques millons de la
Suisse ; mais, malgré tant de brigandages lucratifs, il accablait
toujours les conseils de demandes d'argent. Il obtint, le 25 germinal, que la trésorerie serait autorisée à disposer de soixante
millions de rescriptions sur la moitié des contributions de l'an VI
non encore payées : et les rentrées étaient fort incertaines. En
effet, le 1er messidor an VI, neuf mois après cette banqueroute
qui devait dispenser de lever aucun impôt nouveau, Ramel propose une taxe extraordinaire de guerre, et, le 17 thermidor, il
annonce que les impôts ne rentrent pas. Lorsque les deux tiers
de la contribution foncière de l'an VI devraient être rentrés, il
reste dû 191 millions sur 205, c'est-à-dire la presque totalité !
Quant à la contribution personnelle, estimée cinquante millions,
le recouvrement ne s'élève pas au vingtième. Aussi, dans un
rapport sur les finances, en date du 22 thermidor, Villers annonce un déficit de soixante-dix millions sur le budget tracé le
9 vendémiaire. Désormais, le Directoire, et certains républicains
devenus opposants, vont discuter avec passion sur ce déficit. Le
Directoire prétend bientôt qu'il est de 114 millions sur un budget
de 600. Les opposants prétendent que, s'il existe un déficit, il ne
peut être bien important, mais qu'en tout cas il est imputable
à l'ineptie et aux dilapidations des agents du Directoire. « Il
existe un déficit, disait Lucien Bonaparte (29 floréal an VII),
non pas parce que le Corps législatif a négligé d'élever les
recettes au niveau des dépenses, mais parce que le vice de l'ad-
ministration a poussé les dépenses au delà des recettes : *ce
déficit existe de fait et n'existe pas de droit.* » Les proscrits de
fructidor, le malheureux Gibert de Molières, que le Directoire et
ses adversaires actuels avaient envoyé mourir de la fièvre en
Guyane, ne disaient pas autre chose. Mais ces opposants révolutionnaires de l'an VII ne se laissèrent point proscrire : au
contraire, ils crièrent bien haut qu'il fallait chasser du pouvoir
les maladroits, les dilapidateurs qui avaient créé le déficit de

fait, et renversèrent le Directoire fructidorien par le coup d'État du 30 prairial an VII.

Mais le nouveau Directoire n'en fut pas moins réduit à crier misère. Les biens nationaux étaient à peu près mangés; on ne pouvait plus guère faire des émigrés; aussi cherchait-on des prétextes pour décréter de nouvelles confiscations. Les prairialistes déclamaient avec fureur contre les révolutionnaires enrichis, et voulaient leur faire rendre gorge. Les Conseils décrétèrent, le 19 thermidor an VII, un emprunt forcé de cent millions, imposé à la seule classe aisée, et dont la cotisation progressive serait fixée par un jury de citoyens non assujettis à l'emprunt. Cette contribution, établie d'une manière révolutionnaire, fut perçue très révolutionnairement sur des contribuables épuisés, juste au moment où l'on appliquait la fameuse loi des otages qui menaçait aussi les fortunes. Ces mesures jacobines troublèrent profondément le pays. La masse de la population désirait ardemment être débarrassée de ces deux catégories de révolutionnaires qui depuis le 18 fructidor se disputaient le pouvoir, et ne savaient que l'opprimer et la ruiner. L'emprunt forcé rapporta à peu près trois millions en numéraire, mais acheva de tarir les autres recettes. Quelques jours avant le 18 brumaire, les Conseils, devant les résultats de la loi des otages et de l'emprunt forcé, devant un déficit de près de 400 millions sur un budget de 725, ne savaient plus où donner de la tête. On voit que les banqueroutiers et les persécuteurs révolutionnaires ont fait la partie belle à Bonaparte!

BESANÇON. — IMPR. ET STÉRÉOT. DE PAUL JACQUIN.